## *Nur 5 Gramm,*

ungefähr so viel wie ein Markstück, wiegt der Bestand an Eisen im menschlichen Körper. Und doch ist dieses wenige lebensnotwendig: Eisen ist wichtiger Bestandteil des Bluts, bindet und transportiert Sauerstoff und reguliert die Verbrennungsprozesse im Körper.
Eisenmangel kann Gefahr für die Gesundheit bedeuten, der man – möglichst nach Behebung der Ursache – durch angepaßte Zufuhr von außen meist gut begegnen kann (lesen Sie dazu den wichtigen Hinweis auf Seite 64). Statt Eisen in Form von Spritzen und Tabletten aufzunehmen, bietet sich die zweifellos angenehmere und natürlichere Behandlung durch eisenreiche Ernährung an.
Das ist keine Diät im klassischen Sinn, die Sie zur Einhaltung von Regeln und Plänen zwingt, sondern sie bietet reizvolle Gerichte, die allen schmecken. Die Rezepte in diesem Buch beweisen es. Mit der vorgestellten Ernährung wird diese Art der Therapie zu einem Genuß.

Dr. med. Ulrich Schepper

# INHALT



**Abkürzungen bei den Nährwertangaben:**

| | |
|---|---|
| kJ | Kilojoule |
| kcal | Kilokalorien |
| EW | Eiweiß |
| F | Fett |
| KH | Kohlenhydrate |

## Was ist Eisen?

Für eine gesunde und ausgewogene Ernährung und damit für die Erhaltung unserer Gesundheit benötigen wir neben den Nahrungshauptbestandteilen Wasser, Eiweiß, Fett und Kohlenhydraten auch die lebensnotwendigen (essentiellen) Vitamine und Mineralstoffe.

Mineralstoffe enthalten im Vergleich zu Eiweiß, Fett und Kohlenhydraten keine Kalorien beziehungsweise Joule, sie führen dem Körper also keine Energie zu. Sie werden in zwei Gruppen eingeteilt: in Mengenelemente und in Spurenelemente.

Das Eisen zählt zu den Spurenelementen. Wie die Bezeichnung bereits verrät, sind nur sehr geringe Mengen Eisen notwendig, um den täglichen Bedarf zu decken.

Wir unterscheiden zwei Formen von Eisen, das »Häm-Eisen« und das »Nichthäm-Eisen«.

Das Häm-Eisen wird von unserem Körper gut aufgenommen und verarbeitet. Es befindet sich vor allem in Fleisch, Fisch und Geflügel und kann vom Körper bis zu 20% ausgenutzt werden.

Das Nichthäm-Eisen kommt hauptsächlich in Gemüse, Salaten, Getreide und Obst vor und wird lediglich bis etwa 7% verwertet. Wenn Sie jedoch bei der Zubereitung von Gerichten tierische und pflanzliche Lebensmittel kombinieren, kann sich die Ausnutzung des pflanzlichen, des Nichthäm-Eisens, verdoppeln. Es wird durch die Kombination aufgewertet und für unseren Organismus besser nutzbar.

## Bedeutung des Eisens

Der Eisengehalt des menschlichen Körpers beträgt etwa 70 mg pro Kilogramm Körpergewicht. Eine 60 kg schwere Person würde etwa 4200 mg oder 4 g Eisen »mit sich tragen«. Der menschliche Körper kann also eine gewisse Menge Eisen als Vorrat anlegen. Eisen erfüllt in unserem Körper verschiedene Funktionen, von denen hier nur die wichtigsten dargestellt werden sollen:

- Es ist hauptsächlich am Aufbau des roten Blutfarbstoffes (Hämoglobin) und an der Bildung der roten Blutkörperchen (Erythrozyten) beteiligt.

- Dadurch ist Eisen verantwortlich für die Sauerstoffversorgung des ganzen Körpers. Bestimmte Bestandteile des Eisens sind außerdem in der Lage, im Gewebe Sauerstoff zu speichern und diesen spontan bei Sauerstoffmangel im Körper bereitzustellen.

## Wieviel Eisen braucht unser Körper?

- Die DGE (Deutsche Gesellschaft für Ernährung) empfiehlt die folgende Zufuhr von Eisen pro Tag:

| | mg/Tag |
|---|---|
| Säuglinge 3–5 Monate | 6 |
| Säuglinge bis 1 Jahr | 8 |
| Kinder 1–6 Jahre | 8 |
| Kinder bis 9 Jahre | 10 |
| Jungen und Männer | 12 |
| Mädchen und Frauen bis 50 Jahre | 18 |
| Schwangere | 25 |
| Stillende | 22 |

- Die Menge des vom Körper aufgenommenen Eisens ist dabei nicht identisch mit der Menge des durch die Nahrungsmittel zugeführten Eisens. Von beispielsweise 15 mg werden nur 0,5–2 mg vom Körper verwertet und nach Bedarf gespeichert.

- Frauen benötigen wegen der monatlichen Regelblutung erheblich mehr Eisen als Männer.

- Während einer Schwangerschaft ist es ebenfalls sehr wichtig, sich gesund und eisenhaltig zu ernähren. Ein nochmal erhöhter Eisenbedarf entsteht, da der Körper ein Depot für das Ungeborene anlegt.

- Auch der tägliche Eisenverlust, der durch die Schweißabsonderung über die Haut, über den Urin und den Stuhl verursacht wird, sollte nicht außer acht gelassen werden.

• Mehr Eisen als die angegebene tägliche Menge ist notwendig, wenn man eine schwere Krankheit oder Grippe überstanden hat.

• Chirurgische Eingriffe, Magenblutungen und Verletzungen mit Blutverlust führen zu massivem Eisenmangel.

• Aber auch Sportler sind auf eine gute Eisenversorgung angewiesen, um den großen Leistungs- und Kraftanforderungen standzuhalten.

## Wie kommt es zu Eisenmangel?

Trotz des relativ geringen täglichen Eisenbedarfs sind bei vielen Menschen Eisenmangelzustände zu beobachten.

Neben Krankheit oder Schwangerschaft können noch ernährungsbedingte Ursachen in Frage kommen:

• Unterernährung.

• Eine einseitige oder falsche Ernährung über einen längeren Zeitraum kann zu einem Eisendefizit führen. Schon der Verzicht auf Fleisch, Fisch und Eier (also von eisenhaltigen Lebensmitteln) kann Ursache eines Eisendefizits sein.

• Auch die strikte Einhaltung extremer Fastenkuren kann Eisenmangel verursachen. Dagegen ist ein Eisendefizit bei einer lakto-vegetabilen Kost (Verzicht auf Fleisch und Fisch, aber Verzehr von Milchprodukten und Eiern) kaum zu beobachten, wenn Sie möglichst viel frisches Obst, Gemüse und naturbelassene Fruchtsäfte zu sich nehmen.

Symptome für Eisenmangel sind Müdigkeit, Abgespanntheit, schnelle Infektionsanfälligkeit und Kopfschmerzen. Blässe – vor allem, wenn auch die Augen-Bindehaut und Lippen und Zahnfleisch auffallend hell sind – ist ebenfalls typisch. Bei Kindern kann Eisenmangel sogar zu Wachstumsstörungen und Magersucht führen.

Erst ein Bluttest zeigt dann oft, daß der Hämoglobinspiegel (Menge der roten Blutkörperchen) im Blut zu niedrig ist. Das kann bedeuten, der Eisengehalt im Blut muß gesteigert werden. Der behandelnde Arzt wird meist Medikamente zur Förderung der Eisenzufuhr verordnen.

Aber häufig treten als deren Folge Nebenwirkungen auf wie etwa Magenbeschwerden, Übelkeit oder Erbrechen. Ab und zu bemerken Sie auch einen unangenehm metallischen Geschmack im Munde, den vor allem Kinder als »Blutgeschmack« empfinden. Meist wird dann das Präparat schnell abgesetzt.

Deshalb wäre es sinnvoll, die Mangelerscheinung auf andere, angenehme und langanhaltende Weise zu beheben.

## Eisenmangel beheben oder vermeiden durch bewußte Ernährung

• Eine genau durchdachte und nach ernährungsphysiologischen Gesichtspunkten zusammengestellte Ernährungsweise kann dem Symptom entgegenwirken. Die Mangelerscheinung kann damit erfolgreich behoben und auf lange Sicht vermieden werden.

• Das ist ganz leicht, wenn Sie darauf achten, bewußt eisenreiche Lebensmittel zu sich zu nehmen. Eisen ist reichlich enthalten in Fleisch, Fisch, Vollgetreide, Hülsenfrüchten, »grünem« Gemüse (Spinat, Rosenkohl, Grünkohl, Schwarzwurzeln) und Aprikosen oder Beeren.

• Ein paar Dinge gibt es zu beachten, um die Eisenaufnahme nicht zu erschweren beziehungsweise um sie zu unterstützen.

• Die Verfügbarkeit von Eisen wird herabgesetzt in Gegenwart von Oxalsäure (befindet sich vor allem in Rhabarber und Spinat, außerdem in geringerer, aber doch noch wirksamer Menge in roten Beten, Bohnen und Tomaten), von Phosphaten (Cola-Getränke), Phytaten (vorhanden in den Randschichten von Vollgetreide und Kleie) und Gerbsäure (zum Beispiel im schwarzen Tee).

• Neue Erkenntnisse haben ergeben, daß eine hohe Calciumzufuhr (große Mengen an Milch und Milchprodukten) in

Verbindung mit eisenhaltigen Nahrungsmitteln die Eisenaufnahme hemmen kann. Calcium und Eisen als wichtige Nährstoffe sind aber bei der täglichen Ernährung gleichermaßen unentbehrlich. Deshalb sollten das Frühstück und die Zwischenmahlzeiten überwiegend aus calciumreichen und die Hauptmahlzeiten aus besonders eisenhaltigen Nahrungsmitteln bestehen.

• Tomaten und Vollgetreide sind aber gleichzeitig sehr gesund, und auf manche Lebensmittel möchte auch nicht jeder verzichten. Hier gibt es eine nützliche Maßnahme:
Untersuchungen haben gezeigt, daß Vitamin C eine entscheidende Rolle bei der Aufnahme von Eisen spielt. Es ist in der Lage, die Eisenresorption (Eisenaufnahme) positiv zu beeinflussen. Es bildet mit dem Spurenelement Eisen lösliche Verbindungen, so daß dieses von unserem Körper besser verarbeitet werden kann. Weiterhin unterstützt Vitamin C die Umwandlung von dreiwertigem Eisen, wie man es mit der Nahrung zu sich nimmt, zu zweiwertigem Eisen, wie es dann im Organismus wirkt. Sie sollten also darauf achten, stets Lebensmittel mit einem hohen Vitamin-C-Gehalt zu sich zu nehmen. Schon die Zufuhr von etwa 75–100 mg Vitamin C gewährleistet eine optimale Eisenaufnahme. Dann brauchen Sie auf die oben genannten Produkte (vor allem Vollkornprodukte und Kleie-Erzeugnisse) nicht zu verzichten.

• Wenn Sie auf die folgenden Punkte achten, dürfte es Ihnen nicht schwerfallen, die notwendige Vitaminzufuhr zu erreichen:
– Naturbelassene, saure Fruchtsäfte haben viel Vitamin C. Auch frische Salate und Rohkost sollten bei keiner Menüfolge fehlen.
– Schon durch die Verwendung von frischem Obst und Gemüse, das nicht chemisch behandelt wurde, tragen Sie viel zu einer gesunden, vitaminreichen Ernährung bei.
– Außerdem ist es wichtig, die Lebensmittel so schonend wie möglich zuzubereiten (siehe Seite 9).
– Langes Aufbewahren von Gemüse und Obst reduziert den Vitamingehalt um etwa die Hälfte.

## Wieviel Eisen enthält unsere Nahrung?

Auf den nächsten drei Seiten finden Sie Tabellen, die Ihnen auf einen Blick zeigen, welche Nahrungsmittel reich an Eisen sind.
Gute Eisenlieferanten sind vor allem Hülsenfrüchte, Eier und Fleisch.
Hülsenfrüchte haben in den letzten Jahren zu Recht wieder an Bedeutung gewonnen. Das vielfältige Angebot findet einen immer größer werdenden Zuspruch. Hülsenfrüchte wie Bohnen, Linsen und Erbsen in Verbindung mit Kartoffeln sind zudem reich an hochwertigem Eiweiß, Vitaminen und Mineralstoffen.
Die Verwendung von Eiern bietet eine gute Möglichkeit, die Eisenversorgung sicherzustellen, jedoch sollte darauf geachtet werden, daß 1 Ei etwa 280 mg Cholesterin enthält. Aus ernährungsphysiologischen Gesichtspunkten sollte deshalb der Verbrauch nicht einseitig übertrieben werden.
Eine reichhaltige Versorgung mit Eisen kann auch durch den Verzehr von Fleisch erzielt werden. Auf eine gezielte Auswahl beim Einkauf ist zu achten. Eine kleinere Menge von hochwertigem und magerem Fleisch ist einer größeren Portion von fetthaltigem Konsumfleisch vorzuziehen.
Die Angaben gelten für jeweils 100 g des betreffenden Lebensmittels. Über die Rezepte, die dann auf den nächsten Seiten folgen, hinaus sollen Ihnen diese Tabellen auch Anregungen für eigene Rezept-Ideen liefern.
Achten Sie dabei bitte auch ein wenig auf den Kaloriengehalt. So haben Nüsse und Trockenobst zwar einen recht hohen Eisengehalt – aber auch die Kalorien sind nicht zu verachten.

*Vollkornnudeln, »weiße« Nudeln, Natureis, Hirse, Haferflocken*

*Hinten: Edamer*
*Vorne: Frischkäse, Parmesan, Brie*

*Gekochter Schinken, Rindfleisch*

| Produkte | Eisen | Kilojoule | Kilokalorien |
|---|---|---|---|
| **Getreide und Getreideerzeugnisse** (je 100 g) | | | |
| Buchweizen, Korn | 3,2 mg | 1428 kJ | 341 kcal |
| Buchweizengrütze | 2,0 mg | 1419 kJ | 339 kcal |
| Buchweizenmehl | 2,2 mg | 1496 kJ | 358 kcal |
| Gerste, Korn | 2,8 mg | 1329 kJ | 318 kcal |
| Gerstengraupen | 2,0 mg | 1424 kJ | 340 kcal |
| Gerstengrütze | 2,0 mg | 1315 kJ | 314 kcal |
| Grünkern (Dinkel) | 4,2 mg | 1368 kJ | 327 kcal |
| Hafer, Korn | 5,8 mg | 1499 kJ | 358 kcal |
| Haferflocken, Vollkorn | 5,1 mg | 1519 kJ | 363 kcal |
| Hafergrütze | 3,9 mg | 1640 kJ | 392 kcal |
| Hirse, Korn | 9,0 mg | 1490 kJ | 356 kcal |
| Maismehl | 2,4 mg | 1525 kJ | 367 kcal |
| Reis, Naturreis | 2,6 mg | 1452 kJ | 347 kcal |
| Roggen, Korn | 4,6 mg | 1250 kJ | 299 kcal |
| Roggenmehl, Type 815 | 2,1 mg | 1351 kJ | 323 kcal |
| Roggenmehl, Type 1370 | 2,6 mg | 1329 kJ | 318 kcal |
| Sojamehl | 4,9 mg | 1548 kJ | 370 kcal |
| Weizen, Korn | 3,3 mg | 1322 kJ | 316 kcal |
| Weizengrieß | 1,0 mg | 1367 kJ | 327 kcal |
| Weizenmehl, Type 405 | 2,0 mg | 1413 kJ | 338 kcal |
| Weizenmehl, Type 1050 | 2,8 mg | 1406 kJ | 336 kcal |
| Weizenkeime | 8,1 mg | 1259 kJ | 301 kcal |
| Knäckebrot | 4,7 mg | 1326 kJ | 317 kcal |
| Roggenbrot | 2,5 mg | 953 kJ | 228 kcal |
| Roggenvollkornbrot | 3,3 mg | 858 kJ | 205 kcal |
| Weizenvollkornbrot | 2,0 mg | 860 kJ | 205 kcal |
| Kartoffelstärke | 1,8 mg | 1404 kJ | 335 kcal |
| Nudeln | 1,6 mg | 1513 kJ | 362 kcal |
| Vollkornnudeln | 3,8 mg | 1435 kJ | 343 kcal |
| **Käse und Eier** (je 100 g) | | | |
| Brie (50%) | 0,5 mg | 1512 kJ | 361 kcal |
| Butterkäse (50%) | 0,6 mg | 1503 kJ | 359 kcal |
| Edamer (30%) | 0,6 mg | 1113 kJ | 266 kcal |
| Edamer (45%) | 0,6 mg | 1552 kJ | 371 kcal |
| Frischkäse (50%) | 0,7 mg | 1239 kJ | 296 kcal |
| Parmesan | 1,0 mg | 1655 kJ | 396 kcal |
| Hühnerei | 2,1 mg | 700 kJ | 167 kcal |
| Hühnereigelb | 7,2 mg | 1576 kJ | 377 kcal |
| **Fleisch, Geflügel, Fisch** (je 100 g eßbarer Anteil, roh) | | | |
| Lammfleisch, Muskelfl. | 1,6 mg | 530 kJ | 127 kcal |
| Kalbfleisch, mager | 2,1 mg | 424 kJ | 101 kcal |
| Kalbsherz | 3,7 mg | 494 kJ | 118 kcal |
| Kalbszunge | 3,0 mg | 561 kJ | 134 kcal |
| Rindfleisch, mager | 1,9 mg | 481 kJ | 115 kcal |
| Schweinefilet | 1,0 mg | 479 kJ | 114 kcal |
| Corned beef | 4,1 mg | 943 kJ | 225 kcal |
| gekochter Schinken | 2,3 mg | 903 kJ | 216 kcal |
| Rehrücken | 3,0 mg | 553 kJ | 132 kcal |

| Produkte | Eisen | Kilojoule | Kilokalorien |
|---|---|---|---|
| Ente | 2,1 mg | 1017 kJ | 243 kcal |
| Brathuhn | 1,8 mg | 602 kJ | 144 kcal |
| Suppenhuhn | 1,4 mg | 1147 kJ | 274 kcal |
| Hühnerbrust | 1,1 mg | 457 kJ | 109 kcal |
| Puter | 1,5 mg | 682 kJ | 163 kcal |
| Putenkeule | 2,0 mg | 521 kJ | 124 kcal |
| Hering | 1,1 mg | 1043 kJ | 249 kcal |
| Lachs | 1,0 mg | 907 kJ | 217 kcal |
| Sardelle | 4,9 mg | 461 kJ | 110 kcal |
| Sardine | 2,4 mg | 563 kJ | 135 kcal |
| Seelachs | 1,0 mg | 368 kJ | 88 kcal |
| Shrimps | 1,8 mg | 400 kJ | 96 kcal |
| Krebsfleisch | 2,0 mg | 295 kJ | 70 kcal |

*Putenkeule, Lachsfilet, Shrimps*

**Gemüse, Pilze, Hülsenfrüchte** (je 100 g eßbarer Anteil, roh)

| | | | |
|---|---|---|---|
| Artischocke | 1,5 mg | 91 kJ | 22 kcal |
| Bambussprossen | 0,7 mg | 70 kJ | 17 kcal |
| Blumenkohl | 0,6 mg | 92 kJ | 22 kcal |
| grüne Bohnen | 0,8 mg | 142 kJ | 34 kcal |
| Broccoli | 1,3 mg | 107 kJ | 26 kcal |
| Brunnenkresse | 3,1 mg | 71 kJ | 17 kcal |
| Endiviensalat | 1,4 mg | 40 kJ | 10 kcal |
| Feldsalat | 2,0 mg | 55 kJ | 13 kcal |
| Fenchel | 2,7 mg | 97 kJ | 23 kcal |
| Grünkohl | 1,9 mg | 152 kJ | 36 kcal |
| Kartoffel | 0,8 mg | 294 kJ | 70 kcal |
| Kopfsalat | 1,1 mg | 47 kJ | 11 kcal |
| Lauch | 1,0 mg | 102 kJ | 24 kcal |
| Löwenzahnblätter | 3,1 mg | 217 kJ | 52 kcal |
| Mangold | 2,7 mg | 56 kJ | 13 kcal |
| Meerrettich | 1,4 mg | 262 kJ | 63 kcal |
| Möhre | 2,1 mg | 106 kJ | 25 kcal |
| Paprikaschote | 0,8 mg | 85 kJ | 20 kcal |
| Radieschen | 1,5 mg | 59 kJ | 14 kcal |
| Rettich | 0,8 mg | 54 kJ | 13 kcal |
| Rote Bete | 0,9 mg | 172 kJ | 41 kcal |
| Rosenkohl | 1,1 mg | 146 kJ | 35 kcal |
| Schwarzwurzel | 3,3 mg | 66 kJ | 16 kcal |
| Spargel | 1,0 mg | 72 kJ | 17 kcal |
| Spinat | 4,2 mg | 61 kJ | 15 kcal |
| Topinambur | 3,7 mg | 121 kJ | 29 kcal |
| Zucchini | 1,5 mg | 75 kJ | 18 kcal |
| Champignons | 1,3 mg | 64 kJ | 15 kcal |
| Morcheln | 1,2 mg | 38 kJ | 9 kcal |
| Pfifferlinge | 6,5 mg | 46 kJ | 11 kcal |
| Steinpilze | 1,0 mg | 68 kJ | 16 kcal |
| Bohnen,weiß, gekocht | 21,0 mg | 403 kJ | 96 kcal |
| Erbsen, grün, geschält | 1,8 mg | 351 kJ | 84 kcal |
| Erbsen, getrocknet | 5,0 mg | 1431 kJ | 342 kcal |

*Grüne Bohnen, Bambussprossen, Brunnenkresse*

*Mangold, Topinambur, rote Beten*

*Hinten: Mohnsamen, Pekannüsse, Paranüsse*
*Mitte: Sesamsamen, Walnüsse*
*Vorne: Pistazienkerne, Cashew-Nüsse*

*Karambole, Bananen, Kiwis*

*Nougat, Honig, Vollmilch-Schokolade*

| Produkte | Eisen | Kilojoule | Kilokalorien |
|---|---|---|---|
| Limabohnen | 6,0 mg | 1191 kJ | 285 kcal |
| Linsen | 6,9 mg | 1361 kJ | 325 kcal |
| Sojabohnen | 8,6 mg | 1434 kJ | 343 kcal |
| Straucherbsen | 5,0 mg | 1217 kJ | 291 kcal |
| **Nüsse und Samen** (je 100 g) | | | |
| Mohnsamen | 9,5 mg | 2088 kJ | 499 kcal |
| Sesamsamen | 10,0 mg | 2470 kJ | 590 kcal |
| Sonnenblumenkerne | 6,3 mg | 2531 kJ | 605 kcal |
| Cashew-Nüsse | 2,8 mg | 2478 kJ | 592 kcal |
| Erdnüsse | 2,1 mg | 2545 kJ | 608 kcal |
| Haselnüsse | 3,8 mg | 2810 kJ | 672 kcal |
| Kokosnuß, frisch, Fruchtfl. | 2,3 mg | 1574 kJ | 376 kcal |
| Mandeln | 4,1 mg | 2606 kJ | 623 kcal |
| Paranüsse | 2,4 mg | 2913 kJ | 696 kcal |
| Pekannüsse | 2,4 mg | 3188 kJ | 762 kcal |
| Pistazienkerne | 7,3 mg | 2598 kJ | 621 kcal |
| Walnüsse | 2,5 mg | 2903 kJ | 694 kcal |
| **Früchte** (je 100 g eßbarer Anteil) | | | |
| Apfel | 0,5 mg | 229 kJ | 55 kcal |
| Aprikose | 0,7 mg | 186 kJ | 45 kcal |
| Banane | 0,6 mg | 384 kJ | 92 kcal |
| Brombeeren | 0,9 mg | 178 kJ | 43 kcal |
| Erdbeeren | 1,0 mg | 137 kJ | 33 kcal |
| Heidelbeeren | 0,7 mg | 156 kJ | 37 kcal |
| Himbeeren | 1,0 mg | 149 kJ | 36 kcal |
| Johannisbeeren, rot | 0,9 mg | 151 kJ | 36 kcal |
| Johannisbeeren, schwarz | 1,3 mg | 196 kJ | 47 kcal |
| Karambole | 0,9 mg | 98 kJ | 23 kcal |
| Kiwi | 0,8 mg | 221 kJ | 53 kcal |
| Oliven | 1,8 mg | 593 kJ | 142 kcal |
| Pfirsiche, getrocknet | 6,9 mg | 1033 kJ | 247 kcal |
| Pflaumen, getrocknet | 2,3 mg | 952 kJ | 227 kcal |
| Passionsfrucht | 1,3 mg | 280 kJ | 67 kcal |
| **Obst- und Gemüsesäfte** (je 100 g) | | | |
| Grapefruitsaft | 0,6 mg | 202 kJ | 48 kcal |
| Himbeersaft | 2,6 mg | 125 kJ | 30 kcal |
| Rote-Bete-Saft | 0,8 mg | 153 kJ | 36 kcal |
| **Honig, Kakao, Schokolade, Hefe** (je 100 g) | | | |
| Honig | 1,3 mg | 1263 kJ | 302 kcal |
| Kakaopulver, entölt | 12,5 mg | 1495 kJ | 357 kcal |
| Nougat | 3,0 mg | 2092 kJ | 500 kcal |
| Vollmilchschokolade | 2,3 mg | 2300 kJ | 550 kcal |
| Bäckerhefe | 4,9 mg | 309 kJ | 74 kcal |
| Bierhefe, getrocknet | 17,6 mg | 915 kJ | 219 kcal |

## Richtig ernähren, richtig zubereiten

Die richtige Auswahl der Lebensmittel und eine bewußte Zubereitung der Speisen ist für den Eisengehalt der Gerichte entscheidend.
Wenn Sie folgende Punkte beachten, wird Ihnen die ideale Versorgung mit Eisen nicht schwerfallen.

- Kaufen Sie viel frisches Obst und Gemüse der Saison. Sollte Frischkost, zum Beispiel während der kalten Jahreszeit, nicht verfügbar sein, so können Sie ersatzweise auf Tiefkühlkost zurückgreifen.

- Essen Sie viel Rohkost und Salate. So nehmen Sie möglichst viele Mineralstoffe und Vitamine auf.

- Erweitern Sie Ihren Speiseplan mit Lebensmitteln, die einen hohen Anteil an Eisen besitzen (Siehe Tabellen Seite 6–8).

- Reduzieren Sie die Nahrungsmittel, die die Eisenaufnahme hemmen oder vermindern können (Cola-Getränke, schwarzer Tee, Rhabarber, Spinat, Kleie).

- Achten Sie darauf, möglichst viel Vitamin C zu sich zu nehmen. Das tut Ihrer Gesundheit allgemein gut, steigert aber außerdem die Aufnahmefähigkeit des Körpers für Eisen. So müssen Sie auf obengenannte Produkte nicht ganz verzichten.

- Führen Sie keine langandauernden und einseitigen Diäten ohne ärztliche Aufsicht durch. Ohne daß Sie es merken, könnte die Eisenzufuhr entscheidend zurückgehen.

- Ernähren Sie sich nicht rein veganisch (vegetarische Ernährung ohne Milch- und Eiprodukte). Diese Art der Ernährung könnte zu einer Unterversorgung mit Eisen führen.

- Verwenden Sie bei der Zubereitung der Speisen viel frische Kräuter und wenig Trockengewürze.

- Lassen Sie Gemüse und Obst nicht zu lange im Wasser liegen, damit sie nicht auslaugen und Mineralstoffe verlorengehen.

- Bevorzugen Sie schonende Garmethoden wie zum Beispiel Dämpfen und Dünsten, damit das Lebensmittel so wertvoll wie möglich erhalten bleibt. Lange Gar- und Aufwärmzeiten führen dazu, daß das Gericht nicht mehr so frisch schmeckt und viele Mineralstoffe und Vitamine entweichen.

- Verwenden Sie beim Kochen von beispielsweise Blumenkohl, Kartoffeln, Broccoli so wenig Wasser wie möglich, um auch so den Verlust der Inhaltsstoffe so gering wie möglich zu halten.

Die meisten Rezepte sind für 2 Personen abgestimmt und pro Portion genau berechnet.
Aus dem reichhaltigen und abwechslungsreichen Angebot für Frühstück, Salate, Hauptmahlzeiten, süße Schlemmereien oder kühle Drinks können Sie Ihren persönlichen Speiseplan nach Ihrem Geschmack zusammenstellen. Ideal wären 5–6 Mahlzeiten am Tag. Hierauf sind die Rezepte in ihrer Zusammensetzung und in den Nährstoffgehalten abgestimmt. Sollten Sie jedoch nur 3 Mahlzeiten täglich zu sich nehmen, können Sie die Menge der Zutaten in den Rezepten erhöhen. Als Beispiel und zum Einstieg finden Sie im Anschluß an den Rezeptteil einen ausgewogenen 3-Tages-Plan.
Alle Rezepte lassen sich ohne weiteres vervielfältigen, und Beilagen können ergänzt werden, damit auch Familienangehörige oder Gäste mit einbezogen werden können. Sollten die Portionen einmal zu klein sein, können Sie ebenfalls die Mengen erhöhen.

# Knuspermüsli

Knusprig geröstete Flocken schmecken besonders gut und regen mit ihren Röststoffen die Verdauungsorgane an.

*Zutaten für 2 Personen:*
*2 Eßl. Vollkorn-Haferflocken*
*2 Teel. Roggenflocken*
*2 Teel. Sonnenblumenkerne*
*200 ml Dickmilch*
*1–2 Teel. Honig*
*2 Teel. Zitronensaft*
*1 Orange*

**Ganz einfach • Schnell**

Zubereitungszeit: etwa 15 Min.

Pro Portion etwa:
900 kJ/210 kcal
9 g EW · 9 g F · 26 g KH
• 1,2 mg Eisen

**1.** Die Flocken und die Sonnenblumenkerne in einer Pfanne ohne Fett unter ständigem Wenden knusprig rösten. Die Flockenmischung dann abkühlen lassen.

**2.** Die Dickmilch mit dem Honig und dem Zitronensaft in einer Schüssel glattrühren.

**3.** Die Orange schälen, das weiße Häutchen entfernen und die Spalten in kleine Stücke schneiden.

**4.** Die Flocken, die Sonnenblumenkerne und die Orangenstücke unter die Dickmilch heben. Das Müsli auf zwei Schälchen verteilen.

## Tip!

Zum Rösten können Sie nach Belieben auch andere Flocken verwenden, zum Beispiel Hirse- oder Weizenflocken, oder auch verschiedene Flocken mischen.

# Kirschmüsli

Sie können die Hirse auch schon am Vorabend kochen, über Nacht kühl stellen und vor der Fertigstellung des Müslis etwas anwärmen.

*Zutaten für 2 Personen:*
*200 ml Vollmilch*
*Salz*
*40 g Hirse*
*200 g Kirschen*
*2 Eßl. Speisequark (40%)*
*1 Eßl. Zitronensaft*
*1–2 Teel. Ahornsirup oder Honig*
*50 g gehackte Haselnußkerne*

**Braucht etwas Zeit**

Zubereitungszeit: etwa 40 Min.

Pro Portion etwa:
1600 kJ/380 kcal
11 g EW · 22 g F · 33 g KH
• 3,2 mg Eisen

**1.** Die Milch mit etwas Salz zum Kochen bringen. Die Hirse einstreuen und zugedeckt bei schwacher Hitze etwa 25 Minuten quellen lassen. Abkühlen lassen.

**2.** In der Zwischenzeit die Kirschen waschen, halbieren und entsteinen (einige besonders schöne Kirschen mit Stielen zum Verzieren zurückbehalten).

**3.** Den Quark, den Zitronensaft und den Ahornsirup unter den ausgekühlten Hirsebrei rühren.

**4**. Die halbierten Kirschen vorsichtig unterheben. Das Müsli auf zwei Teller verteilen.

**5**. Das Kirschmüsli mit den zurückbehaltenen Kirschen und den gehackten Haselnüssen garnieren.

### Nüsse und Samen

Mit ein paar Nüssen oder Samenkernen können Sie jedes Müsli verfeinern. Sie enthalten hochwertiges Eiweiß, essentielle Fettsäuren, wichtige Vitamine und sind zudem reich an Eisen. Beim Kauf sollten Sie frische Nüsse in der Schale bevorzugen. Erst bei Bedarf knacken Sie die Nüsse auf. So schützen Sie sie vor Schädlingsbefall und Ranzigwerden. Der Geschmack der Nüsse oder Samen intensiviert sich, wenn Sie diese halbiert oder gehackt ohne Fettzugabe in einer Pfanne rösten.

*Im Bild hinten: Kirschmüsli*
*Im Bild vorne: Knuspermüsli*

# Müsli mit Dörrobst

Dörrobst enthält besonders viel Eisen. In Verbindung mit frischem, Vitamin-C-haltigem Obst wird Eisen von unserem Körper sehr gut aufgenommen.

*Zutaten für 2 Personen:*
*50 g getrocknete Aprikosen*
*50 g getrocknete Apfelringe*
*1 Eßl. ungeschwefelte Sultaninen*
*2 Eßl. Vollkorn-Haferflocken*
*1 Eßl. Zitronensaft*
*200 ml Kefir (3,5%)*
*1 mittelgroße Banane*
*20 g getrocknete Bananenscheiben*

**Raffiniert**

Zubereitungszeit: etwa 15 Min.

Pro Portion etwa:
1800 kJ/430 kcal
9 g EW · 6 g F · 87 g KH
• 2,5 mg Eisen

**1.** Die Aprikosen, die Apfelringe und die Sultaninen sehr klein schneiden.

**2.** Die Früchte zusammen mit den Haferflocken und dem Zitronensaft zu dem Kefir geben.

**3.** Die frische Banane schälen, in Scheiben schneiden und unter das Müsli heben.

**4.** Das Müsli in zwei Glasschalen füllen und mit den getrockneten Bananenscheiben verzieren.

# Himbeermüsli

Himbeeren sind besonders geeignet, dem Körper sowohl Eisen als auch genügend Vitamin C zuzuführen.

*Zutaten für 2 Personen:*
*60 g Weizenschrot*
*100 ml Wasser*
*150 g Himbeeren*
*150 g Joghurt (3,5%)*
*2 Eßl. Sahne*
*1–2 Teel. Honig*
*1 Eßl. Zitronensaft*
*1 Eßl. geröstete Mandelblätter*

**Braucht etwas Zeit**
**Gelingt leicht**

Zubereitungszeit: etwa 15 Min. (+ 12 Std. Quellzeit)

Pro Portion etwa:
1000 kJ/240 kcal
9 g EW · 11 g F · 28 g KH
• 2 mg Eisen

**1.** Den Weizenschrot in eine Schüssel geben, mit dem Wasser bedecken und über Nacht verschlossen im Kühlschrank quellen lassen.

**2.** Die Himbeeren waschen, verlesen und trockentupfen. Den Joghurt und die Sahne mit dem Honig und dem Zitronensaft glattrühren.

**3.** Das ausgequollene Getreide und die vorbereiteten Himbeeren vorsichtig unter die Joghurt-Sahne-Sauce heben.

**4.** Das Müsli mit den gerösteten Mandeln bestreuen.

# Bananenmüsli

*Zutaten für 2 Personen:*
*2 Eßl. grob geschrotetes 6-Korn-Getreide*
*2 Eßl. Vollkorn-Haferflocken*
*200 ml Vollmilch*
*2 mittelgroße Bananen*
*100 ml frisch gepreßter Orangensaft*
*1 Teel. Zitronensaft*
*6 halbierte Walnußkerne*

**Braucht etwas Zeit**

Zubereitungszeit: etwa 15 Min. (+ 12 Std. Quellzeit)

Pro Portion etwa:
1600 kJ/380 kcal
10 g EW · 9 g F · 66 g KH
• 1,8 mg Eisen

**1.** Das 6-Korn-Getreide in eine Schüssel geben, mit 100 ml Wasser bedecken und über Nacht verschlossen im Kühlschrank ausquellen lassen.

**2.** Die Haferflocken und die Milch zu dem Schrot geben.

**3.** Die Bananen schälen und in Scheiben schneiden. Den Orangen- und den Zitronensaft zusammen mit den Bananenscheiben in das Müsli geben und vorsichtig unterheben. Das Müsli mit den Walnußkernen verzieren.

**Tip!**
Sie können die Bananen auch zerdrücken. So erhöht sich ihre Süßkraft.

# Feiner Obstaufstrich

| |
|---|
| *Zutaten für 2 Personen:* |
| *½ Banane* |
| *100 g Erdbeeren* |
| *1 Teel. Zitronensaft* |
| *½–1 Teel. Honig* |

**Schnell**

Zubereitungszeit: etwa 10 Min.

Pro Portion etwa:
310 kJ/70 kcal
1 g EW · 0 g F · 15 g KH
• 0,7 mg Eisen

**1.** Die Banane schälen. Die Erdbeeren waschen, verlesen und entkelchen.

**2.** Das Obst mit einer Gabel in einer kleinen Schüssel zerdrücken und mit dem Zitronensaft und dem Honig abschmecken.

**3.** Den Obstaufstrich auf zwei Butterbrötchen streichen und servieren.

# Früchtequark

| |
|---|
| *Zutaten für 2 Personen:* |
| *200 g Speisequark (20%)* |
| *2 Eßl. saure Sahne* |
| *1–2 Teel. Honig* |
| *1 Eßl. Zitronensaft* |
| *100 g blaue Weintrauben* |
| *150 g Honigmelone* |
| *1 Eßl. Sonnenblumenkerne* |

**Ganz einfach**

Zubereitungszeit: etwa 15 Min.

Pro Portion etwa:
790 kJ/190 kcal
12 g EW · 9 g F · 16 g KH
• 1,1 mg Eisen

**1.** Den Quark mit der sauren Sahne in einer kleinen Schüssel glattrühren und mit dem Honig und dem Zitronensaft abschmecken.

**2.** Die Weintrauben waschen, halbieren und entkernen. Die Honigmelone schälen, entkernen und in kleine Würfel schneiden.

**3.** Das Obst unter die Quarkmasse heben und den Früchtequark in zwei Glasschälchen füllen. Die Sonnenblumenkerne darüber streuen.

**Tip!**
Den Fruchtquark können Sie mit jedem Obst der Saison zubereiten. Die verwendeten Früchte sollten so frisch wie möglich sein, um den Verlust von Vitaminen möglichst gering zu halten.

# Quark-Joghurt-Speise

Eine Speise aus Quark und Joghurt wird besonders locker, gelingt immer und schmeckt köstlich kühl. Als leichte Speise zum Frühstück oder als Zwischenmahlzeit wirkt die Quark-Joghurt-Speise wie ein »Muntermacher«, ohne den Magen übermäßig zu füllen. Auch der Gehalt an Eisen ist nicht zu verachten.

| |
|---|
| *Zutaten für 2 Personen:* |
| *150 g Joghurt (3,5%)* |
| *100 g Speisequark (20%)* |
| *1 Ei* |
| *1 Eßl. Honig* |
| *1 Apfel* |

**Erfrischend**

Zubereitungszeit: etwa 20 Min.

Pro Portion etwa:
790 kJ/190 kcal
12 g EW · 9 g F · 16 g KH
• 0,9 mg Eisen

**1.** Den Joghurt und den Quark in einer Schüssel mit dem Handrührgerät schaumig rühren.

**2.** Das Ei trennen. Das Eiweiß zu Schnee schlagen. Das Eigelb zusammen mit dem Honig zur Quark-Joghurt-Masse geben und nochmals gut verrühren.

**3.** Den Apfel waschen, vom Kernhaus befreien und mit der Schale fein reiben.

**4.** Den Eischnee und den geriebenen Apfel unter den Quark heben und die Quark-Joghurt-Speise auf zwei Teller verteilen.

# Bunter Gemüsequark

Eisen wird in Verbindung mit Vitamin C von unserem Körper besser ausgewertet. Darum ist es wichtig, in möglichst vielen Gerichten frisches Gemüse zu verwenden.

| *Zutaten für 2 Personen:* |
|---|
| *200 g Speisequark (20%)* |
| *1 Eßl. saure Sahne* |
| *Salz* |
| *Pfeffer, frisch gemahlen* |
| *Paprikapulver, edelsüß* |
| *½ Knoblauchzehe* |
| *1 Möhre* |
| *50 g Lauch* |
| *1 Zucchino* |
| *1 rote Paprikaschote* |
| *2 Scheiben Vollkornbrot* |

## Herzhaft

Zubereitungszeit: etwa 15 Min.

Pro Portion etwa:
1100 kJ/260 kcal
20 g EW · 7 g F · 32 g KH
• 3,8 mg Eisen

**1.** Den Quark mit der sauren Sahne in einer Schüssel glattrühren. Mit Salz, Pfeffer und Paprikapulver würzen.

**2.** Die halbe Knoblauchzehe schälen, fein hacken und zum Quark geben.

**3.** Das Gemüse waschen. Die Möhre schälen. Den Lauch in feine Streifen schneiden. Die Paprikaschote entkernen, von den weißen Rippen befreien und in kleine Würfel schneiden. Die Möhre und den Zucchino auf der Rohkostreibe fein raspeln.

**4.** Das vorbereitete Gemüse unter den Quark heben und den Quark nochmals abschmecken.

**5.** Den Quark in zwei Portionen teilen und zusammen mit dem Brot servieren.

Variante:
**Frischkäse mit Gemüse**
Anstelle von Speisequark und saurer Sahne schmeckt Frischkäse zu buntem und fein geschnittenem Gemüse ebenso lecker. Probieren Sie diese Variante auch einmal mit frischen Kräutern nach Ihrer Wahl. Um einen geschmeidigen Aufstrich zu erhalten, verrühren Sie 100 g Frischkäse mit 2 Eßlöffeln Mineralwasser.

# Müslibrötchen mit Erdnußbutter

Dieses Frühstück ist ein guter Energiespender und gibt Kraft. Es schmeckt sehr gut und besitzt genügend Eisen für einen guten Start in den Tag.

| *Zutaten für 2 Personen:* |
|---|
| *2 Müslibrötchen* |
| *30 g geschälte frische Erdnußkerne* |
| *2 Eßl. weiche Butter* |
| *Salz* |

## Schnell

Zubereitungszeit: etwa 10 Min.

Pro Portion etwa:
1000 kJ/240 kcal
6 g EW · 20 g F · 12 g KH
• 1,6 mg Eisen

**1.** Die Brötchen der Länge nach durchschneiden.

**2.** Die Erdnüsse fein mahlen und mit der weichen Butter vermengen. Mit 1 Prise Salz abschmecken.

**3.** Die Müslibrötchen mit der Erdnußbutter bestreichen und servieren.

**Tip!**
Sie können auch eine größere Menge Erdnußbutter zubereiten. Gut verschlossen hält sich die Butter im Kühlschrank mehrere Tage.

*Bild oben: Bunter Gemüsequark*
*Bild unten:*
*Müslibrötchen mit Erdnußbutter*

# Kräuterquark

*Zutaten für 2 Personen:*
*200 g Speisequark (40%)*
*50 ml Vollmilch*
*Salz*
*Pfeffer, frisch gemahlen*
*2 Stiele Petersilie*
*1 Eßl. frische Oreganoblätter (oder 1 Teel. getrockneter)*
*½ Bund Schnittlauch*
*1 Stiel Zitronenmelisse*
*4 kleine Scheiben Vollkornbrot*
*1 ½ Eßl. Butter*

**Schnell**

Zubereitungszeit: etwa 10 Min.

Pro Portion etwa:
1500 kJ/360 kcal
19 g EW · 15 g F · 35 g KH
• 2,7 mg Eisen

**1.** Den Quark mit der Milch in einer kleinen Schüssel glattrühren. Den Quark mit Salz und Pfeffer pikant abschmecken.

**2.** Die Kräuter waschen, trockenschwenken, fein hacken und unter die Masse heben.

**3.** Den Quark nochmals abschmecken, in zwei Portionen teilen und mit dem Vollkornbrot und der Butter servieren.

**Tip!**
Bereiten Sie von dem Quark gleich eine größere Menge zu. Mit Pellkartoffeln ist er eine leichte, schmackhafte Mahlzeit.

# Tomaten-Kresse-Brot

Dieses Frühstück ist sehr bekömmlich und schnell zubereitet. Tomaten und Kresse enthalten viel Vitamin C und Eisen. Das Tomaten-Kresse-Brot ist auch ideal für eine Zwischenmahlzeit, ein Pausen- oder Bürobrot.

*Zutaten für 2 Personen:*
*2 Scheiben Roggenbrot*
*1 Eßl. Butter*
*2 kleine Fleischtomaten*
*2 Eßl. frische Kresse*
*½ Zwiebel*
*Salz*
*Pfeffer, frisch gemahlen*

**Gelingt leicht**

Zubereitungszeit: etwa 15 Min.

Pro Portion etwa:
840 kJ/200 kcal
6 g EW · 7 g F · 28 g KH
• 2,6 mg Eisen

**1.** Die Roggenbrote mit der Butter dünn bestreichen.

**2.** Die Fleischtomaten waschen, von den Stielansätzen befreien und in dünne Scheiben schneiden.

**3.** Die Kresse waschen und abtropfen lassen. Die Zwiebel schälen und fein hacken.

**4.** Die Tomatenscheiben fächerförmig auf die Brote legen und mit der Kresse und den Zwiebelwürfeln bestreuen.

**5.** Die Tomaten-Kresse-Brote mit etwas Salz und Pfeffer bestreuen und servieren.

# Schinkenbrot

Gekochter Schinken enthält sehr viel Eisen. Sie sollten beim Einkauf nur darauf achten, daß er nicht zu stark gesalzen oder gepökelt ist. Fragen Sie dazu Ihren Metzger.

*Zutaten für 2 Personen:*
*2 Scheiben Vollkornbrot*
*1 ½ Eßl. Butter*
*100 g gekochter Schinken*
*2 Essiggurken*

**Herzhaft**

Zubereitungszeit: etwa 10 Min.

Pro Portion etwa:
1200 kJ/290 kcal
14 g EW · 16 g F · 22 g KH
• 3,9 mg Eisen

**1.** Die Vollkornbrote mit der Butter bestreichen.

**2.** Die Schinkenscheiben aufrollen und auf die Brotscheiben legen. Die Essiggurken abtropfen lassen, fächerförmig einschneiden und damit die Schinkenbrote garnieren.

# Champignon-Rührei

Eier enthalten sehr viel Eisen. Sie sollten jedoch nur ein- bis zweimal in der Woche ein Eiergericht essen, da auch der Cholesteringehalt von Eiern sehr hoch ist.

| |
|---|
| *Zutaten für 2 Personen:* |
| *4 Eier* |
| *4 Eßl. Vollmilch* |
| *Salz* |
| *weißer Pfeffer, frisch gemahlen* |
| *200 g Champignons* |
| *1 Teel. Zitronensaft* |
| *Zum Backen:* |
| *2 Teel. Butter* |

## Schnell

Zubereitungszeit: etwa 25 Min.

Pro Portion etwa:
980 kJ/230 kcal
17 g EW · 18 g F · 2 g KH
• 3,4 mg Eisen

**1.** Die Eier mit der Milch, etwas Salz und Pfeffer in einer kleinen Schüssel verquirlen.

**2.** Die Champignons waschen, putzen und in dünne Scheiben schneiden. Leicht mit dem Zitronensaft beträufeln, damit die Pilze nicht braun werden.

**3.** Die Butter in einer Pfanne erhitzen, die Eimasse einlaufen lassen und die Champignonscheiben darüber verteilen.

**4.** Sobald die Eier zu stocken beginnen, die Eimasse mit einer Gabel auflockern und mehrmals wenden.

**5.** Das Champignon-Rührei auf zwei Teller verteilen und mit Vollkornbrot servieren.

Variante:
**Rührei mit Shrimps**
Anstelle der Champignons 100 g gegarte, geschälte Nordseekrabben verwenden.

# Sesam-Omelette

| |
|---|
| *Zutaten für 2 Personen:* |
| *4 Eier* |
| *3 Eßl. Vollmilch* |
| *2 Teel. Grieß* |
| *Salz* |
| *2 Teel. Butter* |
| *2 Teel. Sesamsamen* |

## Ganz einfach

Zubereitungszeit: etwa 20 Min.

Pro Portion etwa:
940 kJ/220 kcal
15 g EW · 15 g F · 5 g KH
• 3,2 mg Eisen

**1.** Die Eier mit der Milch und dem Grieß in einer kleinen Schüssel glattrühren.

**2.** Die Eimasse mit etwas Salz abschmecken.

**3.** 1 Teelöffel Butter in einer Stielpfanne erhitzen. Die Pfanne mit 1 Teelöffel Sesam ausstreuen und die Hälfte der Eimasse einlaufen lassen.

**4.** Das Omelette bei schwacher Hitze zugedeckt unter mehrmaligem Rütteln backen, bis die Oberfläche des Omelettes nur noch leicht feucht ist.

**5.** Das Sesam-Omelette vorsichtig zur Hälfte einschlagen und sofort servieren. Das zweite Omelette genauso backen.

## Tip!

Damit das Omelette leicht und locker wird, sollten Sie immer darauf achten, daß der Eierkuchen nicht zu lange gebacken wird. Warmhalten und zu langes Backen machen ihn trocken und zäh.

# Friséesalat mit Pfifferlingen

Er sieht besonders schön aus, schmeckt gut und eignet sich auch als Vorspeise. Sie können den Salat auch gut mit Zuchtpilzen zubereiten.

| |
|---|
| *Zutaten für 4 Personen:* |
| *1 Friséesalat* |
| *200 g Pfifferlinge* |
| *1 Schalotte* |
| *1 Teel. Butter* |
| *8 Blätter Zitronenmelisse* |
| *Für die Marinade:* |
| *3 Eßl. Himbeeressig* |
| *1 Eßl. Walnußöl* |
| *Salz* |
| *weißer Pfeffer, frisch gemahlen* |

**Raffiniert**

Zubereitungszeit: etwa 20 Min.

Pro Portion etwa:
230 kJ/55 kcal
3 g EW · 4 g F · 3 g KH
• 3,9 mg Eisen

**1.** Von dem Friséesalat die Blätter abtrennen, gut waschen und trockenschleudern. Dann etwas zerkleinern.

**2.** Die Pfifferlinge putzen und waschen. Die Schalotte schälen und würfeln.

**3.** Die Butter in einer Pfanne erhitzen und die Schalottenwürfel darin glasig braten. Die Pfifferlinge dazugeben, unter mehrmaligem Wenden anbraten und etwa 5 Minuten bei schwacher Hitze dünsten.

**4.** Für die Marinade den Essig mit dem Öl, Salz und Pfeffer in einer kleinen Tasse verrühren.

**5.** Den Friséesalat auf Glasplatten anrichten, die Pfifferlinge in die Mitte geben und mit der Melisse garnieren. Die Marinade darüber gießen.

**Tip!**
Die Pfifferlinge sollten so kurz wie möglich vor dem Servieren zubereitet werden, damit ihr volles Aroma erhalten bleibt.

# Mozzarellasalat

| |
|---|
| *Zutaten für 4 Personen:* |
| *100 g verschiedene Blattsalate* |
| *50 g Löwenzahnblätter* |
| *4 Eiertomaten* |
| *100 g Mozzarella* |
| *2 hartgekochte Eier* |
| *8 gefüllte Oliven* |
| *Für die Marinade:* |
| *4 Eßl. Obstessig* |
| *2 Teel. Olivenöl* |
| *Salz* |
| *Pfeffer, frisch gemahlen* |
| *½ Bund frischer Oregano (oder* |
| *1 Teel. getrockneter)* |

**Erfrischend**

Zubereitungszeit: etwa 20 Min.

Pro Portion etwa:
620 kJ/150 kcal
10 g EW · 11 g F · 2 g KH
• 2,8 mg Eisen

**1.** Die Blattsalate waschen, trockenschleudern und in kleine Stücke zupfen. Die Löwenzahnblätter waschen und in etwa 1 cm dicke Streifen schneiden.

**2.** Den Salat auf vier Glasschalen verteilen.

**3.** Die Tomaten waschen, von den grünen Stielansätzen befreien und in dünne Scheiben schneiden. Den Mozzarella in Scheiben schneiden und zusammen mit den Tomaten fächerförmig auf dem Salat anrichten.

**4.** Die Eier fein hacken, die Oliven halbieren und beides in die Mitte des Salates geben.

**5.** Für die Marinade den Essig, das Olivenöl, Salz und Pfeffer in einer kleinen Tasse vermengen. Die Oreganoblätter waschen, kleinpflücken und in die Marinade geben.

**6.** Die Marinade kurz vor dem Servieren über den Salat gießen.

*Im Bild hinten: Mozzarellasalat*
*Im Bild vorne: Friséesalat mit Pfifferlingen*

# Gurkenschiffe

*Zutaten für 4 Personen:*
*1 Salatgurke*
*6 große Salatblätter*
*2 Zucchini*
*2 Möhren*
*1 Fenchelknolle*
*Saft von 1 Zitrone*
*½ Ananas*
*½ Bund Dill*
*150 g gekochte, geschälte Krabben*
*2 Eßl. geröstete Mandelblätter*
*Für die Marinade:*
*100 g Crème fraîche*
*150 g Joghurt (3,5%)*
*50 g saure Sahne*
*Salz*
*weißer Pfeffer, frisch gemahlen*
*1 Eßl. Obstessig*
*1 Teel. Tomatenmark*

**Braucht etwas Zeit**
**Gut vorzubereiten**

Zubereitungszeit: etwa 40 Min.

Pro Portion etwa:
1300 kJ/310 kcal
14 g EW · 16 g F · 13 g KH
• 5,5 mg Eisen

**1.** Die Gurke waschen, der Länge nach halbieren und die Kerne mit einem kleinen Löffel entfernen.

**2.** Den Salat und das Gemüse waschen. Die Gurkenhälften mit den Salatblättern auslegen und auf eine große Platte geben.

**3.** Die Zucchini und die Möhren auf einer Rohkostreibe grob raspeln. Den Fenchel vierteln und in etwa 2 cm dikke Streifen schneiden. Den Zitronensaft sofort über das vorbereitete Gemüse gießen, damit es nicht braun wird.

**4.** Die Ananas schälen, in Scheiben schneiden, den Strunk entfernen und das Fruchtfleisch in kleine Würfel schneiden. Den Dill waschen.

**5.** Die Krabben waschen und zusammen mit dem Gemüse, den Dillzweigen und der Ananas in die Gurken füllen.

**6.** Für die Marinade die Crème fraîche, den Joghurt und die saure Sahne in einer Schüssel glattrühren und mit Salz, Pfeffer, dem Obstessig und dem Tomatenmark pikant abschmecken. Kurz vor dem Servieren über die Gurkenschiffe gießen. Die Mandelblätter darüber streuen.

# Rettichsalat mit Paprikawürfeln

*Zutaten für 4 Personen:*
*1 Rettich*
*je 1 rote, gelbe und grüne Paprikaschote*
*60 g Kopfsalat*
*30 g Rettichsprossen (oder beliebige andere; siehe Tip)*
*Für die Marinade:*
*3 Eßl. Obstessig*
*2 Teel. Sonnenblumenöl*
*Salz*
*Pfeffer, frisch gemahlen*
*½ Teel. Paprikapulver, edelsüß*

**Gelingt leicht**

Zubereitungszeit: etwa 25 Min.

Pro Portion etwa:
230 kJ/55 kcal
3 g EW · 3 g F · 4 g KH
• 1,7 mg Eisen

**1.** Das Gemüse, den Salat und die Sprossen waschen. Den Rettich schälen und auf einer Rohkostreibe grob raspeln. Die Paprikaschoten halbieren, entkernen und die weißen Rippen entfernen. Das Fruchtfleisch in kleine Würfel schneiden.

**2.** Den Kopfsalat auf vier Glasschälchen verteilen, den Rettich, die Paprikawürfel und die Sprossen darübergeben.

**3.** Für die Marinade den Essig mit dem Öl und den Gewürzen in einer kleinen Schüssel anrühren und kurz vor dem Servieren über den Salat gießen.

## Tip!

Viele Sprossenarten können Sie frisch im Reformhaus kaufen.
Sprossen von Sojabohnen, Bohnen, Erbsen und Kichererbsen sollten Sie vor der Verwendung kurz blanchieren. So werden gesundheitsschädliche Stoffe unschädlich.

# Rindfleischsalat auf Chicorée

*Zutaten für 4 Personen:*
*100 g Chicoréeblätter*
*150 g gekochtes Rindfleisch*
*4 grüne Paprikaschoten*
*2 Möhren*
*100 g Knollensellerie*
*1 Teel. Zitronensaft*
*100 g Lauch*
*Für die Marinade:*
*150 g saure Sahne*
*150 g Joghurt (3,5%)*
*1 Eßl. Obstessig*
*Salz*
*schwarzer Pfeffer, frisch gemahlen*
*½ Bund gemischte Kräuter*

**Auch als Hauptgericht für 2 Personen**

Zubereitungszeit: etwa 30 Min.

Pro Portion etwa:
520 kJ/120 kcal
12 g EW · 5 g F · 8 g KH
• 3,4 mg Eisen

**1.** Die Chicoréeblätter vom Strunk lösen, waschen, trockenschwenken und auf vier Salatteller verteilen.

**2.** Das Rindfleisch in kleine Würfel schneiden.

**3.** Das Gemüse waschen. Die Paprikaschoten halbieren, entkernen, die weißen Rippen entfernen und das Fruchtfleisch in dünne Streifen schneiden. Die Möhren und den Sellerie schälen und auf einer Rohkostreibe fein raspeln. Sofort mit dem Zitronensaft beträufeln, damit das Gemüse nicht braun wird. Den Lauch putzen, waschen und in sehr dünne Streifen schneiden.

**4.** Für die Marinade die saure Sahne, den Joghurt, den Essig, Salz und Pfeffer in einer kleinen Schüssel glattrühren.

**5.** Die Kräuter waschen, trockenschleudern, kleinhacken und zusammen mit dem Gemüse und dem Fleisch unter die Marinade heben. Den Salat etwa 10 Minuten ziehen lassen.

**6.** Kurz vor dem Servieren den Rindfleischsalat in die Chicoréeblätter füllen.

# Zucchinisalat mit Mandelstiften

Dieser Salat ist schnell zubereitet und schmeckt zu jeder Jahreszeit.

*Zutaten für 4 Personen:*
*4 mittelgroße Zucchini*
*2 Bananen*
*2 Teel. Zitronensaft*
*20 g Mandelstifte*
*Für die Marinade:*
*150 g Joghurt (3,5%)*
*1 Teel. Zitronensaft*
*½ Teel. Ahornsirup oder Honig*
*1 Messerspitze Ingwer, gemahlen*
*1 Messerspitze Muskatnuß, frisch gerieben*
*1 Prise gerebelter Kreuzkümmel*

Zubereitungszeit: etwa 15 Min.

Pro Portion etwa:
890 kJ/140 kcal
5 g EW · 4 g F · 23 g KH
• 2 mg Eisen

**1.** Die Zucchini waschen und auf einer Rohkostreibe grob raspeln. Die Bananen schälen, der Länge nach halbieren und in dünne Scheiben schneiden. Sofort mit dem Zitronensaft beträufeln, damit sie nicht braun werden.

**2.** Die Mandelstifte in einer Pfanne ohne Fett unter Wenden goldbraun rösten. Abkühlen lassen.

**3.** Für die Marinade den Joghurt mit dem Zitronensaft und dem Ahornsirup in einer kleinen Schüssel glattrühren. Mit den Gewürzen herzhaft abschmecken.

**4.** Die Marinade unterheben und den Salat mit den Mandelstiften bestreuen.

## Tip!

Die Mandelstifte können Sie auch in größeren Mengen rösten und gut verschlossen aufbewahren. Falls Sie die Mandeln mit Fettzugabe bräunen, werden diese schneller ranzig und eignen sich deshalb nicht zum Aufbewahren.

# Radieschen-Mangold-Salat

Mangold enthält viel Eisen und eignet sich gut für Salate.

*Zutaten für 4 Personen:*
*1 Bund Radieschen*
*500 g Mangold*
*100 g Knollensellerie*
*1 kleiner Apfel*
*1 Teel. Zitronensaft*
*50 g Radieschensprossen (oder beliebige andere, siehe Tip Seite 20)*
*3 Eßl. Obstessig*
*½ Teel. Honig*
*1 Eßl. Sesam- oder Sonnenblumenöl*
*Salz*
*½ Teel. rote Pfefferkörner, grob gemahlen*

**Raffiniert**

Zubereitungszeit: etwa 30 Min.

Pro Portion etwa:
370 kJ/90 kcal
4 g EW · 4 g F · 8 g KH
• 5,2 mg Eisen

**1.** Das Gemüse waschen. Die Radieschen putzen, in dünne Scheiben schneiden. Den Mangold von den Strünken befreien und die Blätter in etwa 2 cm dicke Streifen schneiden.

**2.** Den Sellerie und den Apfel schälen. Den Sellerie in sehr dünne Streifen und den Apfel in Würfel schneiden. Beides sofort mit dem Zitronensaft beträufeln.

**3.** Das Gemüse, die Apfelwürfel und die Sprossen vermengen und auf einer großen Glasplatte aufhäufen.

**4.** Den Essig mit dem Honig, dem Öl, Salz und dem Pfeffer vermengen und über den Salat gießen.

## Tip!

Falls Sie keine Mangoldblätter erhalten, können Sie auch Spinat- oder Löwenzahnblätter verwenden.

# Blattsalate mit Putenstreifen

*Zutaten für 4 Personen:*
*1 Kopfsalat*
*1 Chicorée*
*50 g Radicchio*
*1 kleiner Eichblattsalat*
*½ Honigmelone*
*150 g Putenbrust*
*2 Teel. Butter*
*Salz*
*1 Teel. Zitronensaft*
*3 Eßl. Himbeeressig*
*2 Eßl. Sesam- oder Sonnenblumenöl*
*weißer Pfeffer, frisch gemahlen*
*Zum Garnieren:*
*100 g Himbeeren*
*30 g Sonnenblumenkerne*
*6 Blätter Zitronenmelisse*

**Braucht etwas Zeit**

Zubereitungszeit: etwa 40 Min.

Pro Portion etwa:
1000 kJ/240 kcal
14 g EW · 14 g F · 13 g KH
• 2,2 mg Eisen

**1.** Die Salate gut waschen. Den Kopfsalat zerpflücken. Den Chicorée halbieren, vom Strunk befreien und in etwa 2 cm dicke Streifen schneiden. Den Radicchio in dicke Streifen schneiden. Die harten Rippen des Eichblattsalates entfernen und die Blätter auf vier Teller legen. Die Melone schälen, entkernen und klein würfeln. Die Putenbrust in feine Streifen schneiden.

**2.** Die Butter erhitzen, die Putenstreifen von allen Seiten kurz anbraten, leicht salzen und mit dem Zitronensaft beträufeln. Bei schwacher Hitze etwa 5 Minuten garen.

**3.** Für die Garnitur die Himbeeren verlesen. Die Sonnenblumenkerne in einer trokkenen Pfanne goldgelb rösten.

**4.** Die Salate und die Melone über den Eichblattsalat geben. In die Mitte die Putenstreifen legen. Den Essig mit dem Öl, Salz und Pfeffer vermengen und über den Salat gießen.

**5.** Den Salat mit den Himbeeren, der Melisse und den Sonnenblumenkernen verzieren.

*Im Bild hinten:*
*Blattsalate mit Putenstreifen*
*Im Bild vorne:*
*Radieschen-Mangold-Salat*

# Gemüsesalat mit Lachsfilet

Für diesen Salat ist jedes Gemüse geeignet. Kaufen Sie jedoch nur Frischgemüse nach Saison – es enthält die meisten Wertstoffe und nur wenig Schadstoffe. Versuchen Sie die Gemüsesorten nicht lange zu garen, um die wertvollen Vitamine und Mineralstoffe zu erhalten.

*Zutaten für 4 Personen:*
*400 g frisches Gemüse (zum Beispiel Bohnen, Blumenkohl, Broccoli, Möhren, Staudensellerie)*
*1 Zwiebel*
*2 Teel. Butter*
*½ l Gemüsebrühe*
*Salz*
*weißer Pfeffer, frisch gemahlen*
*½ Bund Petersilie*
*2 Eßl. Obstessig*
*1 ½ Eßl. Thymianöl (oder Olivenöl)*
*150 g frisches Lachsfilet*
*1 Teel. Zitronensaft*
*2 Zweige Thymian (oder ½ Teel. getrockneter)*
*Zum Garnieren:*
*Salatblätter*

**Raffiniert**

Zubereitungszeit: etwa 45 Min. (+ 1 Std. Marinierzeit)

Pro Portion etwa:
590 kJ/150 kcal
7 g EW · 11 g F · 4 g KH
• 4,9 mg Eisen

**1.** Das Gemüse waschen und je nach Sorte schälen oder putzen, dann in Röschen teilen oder kleinschneiden.

**2.** Die Zwiebel schälen und kleinhacken. Die Butter in einem Topf erhitzen und die Zwiebel darin glasig braten. Bohnen und Möhren hinzufügen, unter mehrmaligem Wenden andünsten, mit der Gemüsebrühe aufgießen und bei schwacher Hitze zugedeckt garen. Nach etwa 8 Minuten das restliche Gemüse dazugeben und noch etwa 5 Minuten garen. Das Gemüse mit etwas Salz und Pfeffer abschmecken. Abkühlen lassen.

**3.** Die Petersilie waschen, von den Stielen zupfen, kleinhacken und mit dem Essig und 1 Eßlöffel Thymianöl zum Gemüse geben. Das Gemüse kühl stellen und etwa 1 Stunde ziehen lassen.

**4.** In der Zwischenzeit das Lachsfilet waschen, abtrocknen, mit dem Zitronensaft beträufeln, leicht salzen und mit dem Thymian belegen.

**5.** Das restliche Thymianöl in einer Pfanne erhitzen, das Lachsfilet darin von beiden Seiten anbraten und bei schwacher Hitze etwa 7 Minuten garen.

**6.** Die Salatblätter waschen und trockenschleudern. Eine große Glasplatte damit belegen, den Gemüsesalat in die Mitte geben. Das warme Lachsfilet in vier Stücke teilen und auf dem Gemüsesalat anrichten.

**Tip!**
Wenn Sie das Gemüse erst kurz vor Garende salzen, sparen Sie etwa die Hälfte an Salz. Durch den Garprozeß verliert das Salz nämlich an Geschmack, das (unerwünschte) Natrium bleibt aber voll erhalten.

# Spinat-Rohkost

Frischer Spinat enthält viel Eisen und Vitamine. Spinat-Rohkost schmeckt herzhaft und pikant und eignet sich besonders gut für zwischendurch oder als feine Vorspeise.

*Zutaten für 4 Personen:*
*100 g Tofu*
*1 Teel. Olivenöl*
*Salz*
*weißer Pfeffer, frisch gemahlen*
*150 g Blattspinat*
*1 Teel. Pistazienkerne*
*Für die Marinade:*
*100 g Sahne*
*Honig*
*1 Teel. Zitronensaft*

**Gelingt leicht**

Zubereitungszeit: etwa 45 Min.

Pro Portion etwa:
520 kJ/120 kcal
4 g EW · 11 g F · 3 g KH
• 1,9 mg Eisen

**1.** Den Tofu in kleine Würfel schneiden. Das Öl mit den Gewürzen in einer kleinen Schüssel verrühren und die Tofuwürfel darin etwa 30 Minuten marinieren.

**2.** In der Zwischenzeit den Spinat gründlich waschen, verlesen und die dicken Stielansätze entfernen. Den Spinat in sehr dünne Streifen schneiden.

**3.** Für die Marinade die Sahne halb steif schlagen und mit etwas Honig und dem Zitronensaft abschmecken.

**4.** Die Spinatstreifen mit den eingelegten Tofuwürfeln vermengen, auf vier Glasschälchen verteilen und mit der Marinade begießen. Die Pistazien eventuell hacken und darüber streuen. Sofort servieren.

## Tip!

Für manche Salate verwende ich gerne feine Würzessige und Kräuteröle von besonderem Geschmack. Sie können sie natürlich jederzeit durch guten Weinessig und beispielsweise Olivenöl ersetzen.

# Bunte Gemüse-Rohkost

*Zutaten für 4 Personen:*
*1 kleine grüne Paprikaschote*
*1 kleine rote Paprikaschote*
*2 Möhren*
*150 g Blumenkohl*
*1 Fenchelknolle*
*100 g Champignons*
*2 Teel. Zitronensaft*
*Für den Kräuterdip:*
*150 g Joghurt (3,5%)*
*100 g Speisequark (20%)*
*1 Eßl. saure Sahne*
*Salz*
*weißer Pfeffer, frisch gemahlen*
*1 Teel. gerebelter Kreuzkümmel*
*½ Bund gemischte Kräuter*
*½ Bund Schnittlauch*

**Herzhaft**

Zubereitungszeit: etwa 20 Min.

Pro Portion etwa:
350 kJ/80 kcal
7 g EW · 2 g F · 9 g KH
• 2,6 mg Eisen

**1.** Das Gemüse waschen. Die Paprikaschoten halbieren, entkernen und die weißen Rippen entfernen. Das Fruchtfleisch in sehr dünne Streifen schneiden. Die Möhren schälen und mit dem Blumenkohl auf einer Rohkostreibe fein raspeln. Den Fenchel vierteln, die einzelnen Schichten ablösen und in Streifen schneiden. Die Champignons putzen, in feine Scheiben schneiden und sofort mit dem Zitronensaft beträufeln.

**2.** Für den Dip den Joghurt, den Quark und die saure Sahne glattrühren und mit Salz, Pfeffer und dem Kreuzkümmel pikant abschmecken. Die Kräuter waschen, kleinschneiden und unterheben.

**3.** Das vorbereitete Gemüse auf einer großen Glasplatte anrichten, den Kräuterdip in einen Glaskelch füllen und mit dem Salat servieren.

# Sellerierohkost

*Zutaten für 2 Personen:*
*100 g Knollensellerie*
*½ Apfel*
*1 Teel. Zitronensaft*
*Saft von ½ Orange*
*½–1 Teel. Honig*

**Ganz einfach**

Zubereitungszeit: etwa 15 Min.

Pro Portion etwa:
270 kJ/65 kcal
1 g EW · 0 g F · 30 g KH
• 0,6 mg Eisen

**1.** Die Sellerieknolle waschen, schälen und in sehr feine Streifen schneiden. Den Apfel waschen, schälen, entkernen und in Würfel schneiden. Sofort mit dem Zitronensaft beträufeln, damit die Apfelwürfel nicht braun werden.

**2.** Den Orangensaft mit dem Honig verrühren und über die Rohkost gießen. Alles vermischen und gleich servieren.

# Sprossensalat

Durch das Keimen von Getreidekörnern entstehen die sogenannten Sprossen. Diese enthalten besonders viele Vitamine, Mineralstoffe und leicht verdauliche Fett- und Eiweißsubstanzen. Vor allem im Winter, wenn wenig Gemüse und Salate angeboten werden, ist es wichtig, unserem Körper vermehrt wertvolle Vitamine zuzuführen, um unsere Leistungsfähigkeit und Vitalität aufrechtzuerhalten. Das gelingt mit Sprossen besonders gut.

*Zutaten für 4 Personen:*
- *150 g gemischte Sprossen (Soja-, Radieschen- und Weizensprossen)*
- *100 g Feldsalat*
- *100 g Radicchio*
- *1 Salatgurke*
- *100 g gegarte rote Bete*
- *1 Teel. Butter*

*Für die Marinade:*
- *50 g Crème fraîche*
- *150 ml Dickmilch (3,5%)*
- *1 Eßl. Rote-Bete-Saft (Reformhaus)*
- *½ Teel. Honig*
- *1 Eßl. Obstessig*
- *½ Bund Dill*

## Herzhaft

Zubereitungszeit: etwa 30 Min.

Pro Portion etwa:
500 kJ/120 kcal
5 g EW · 8 g F · 7 g KH
• 1,8 mg Eisen

**1.** Die Sprossen waschen und trockentupfen. Die Blattsalate waschen, trockenschleudern und in kleine Stücke zupfen. Die Gurke und die rote Bete schälen und in dünne Stifte schneiden.

**2.** Die Butter in einer Pfanne erhitzen und die Sprossen darin von allen Seiten anbraten. Bei schwacher Hitze etwa 5 Minuten dünsten. Abkühlen lassen.

**3.** Für die Marinade die Crème fraîche, die Dickmilch, den Rote-Bete-Saft, den Honig und den Essig in einer kleinen Schüssel glattrühren. Den Dill waschen, trockenschütteln, kleinschneiden und unter die Marinade heben.

**4.** Die Sprossen, die Blattsalate, die Gurken- und die Rote-Bete-Stifte auf vier Teller verteilen, mit der Marinade begießen und servieren.

# Curryreis-Salat mit Obst

Dieser Salat ist ein eher ausgefallenes Gericht. Sie werden begeistert sein, wie gut er schmeckt und wie dekorativ er angerichtet werden kann.

*Zutaten für 4 Personen:*
*100 g Naturreis*
*Salz*
*1 Teel. Currypulver*
*100 g gekochte Erbsen (aus dem Glas)*
*100 g Maiskörner (aus dem Glas)*
*1–2 Eßl. Pinienkerne*
*Für die Marinade:*
*100 g Sahnedickmilch*
*2 Eßl. Crème fraîche*
*1 Eßl. Himbeeressig*
*2 Teel. Zitronensaft*
*1 Teel. Honig*
*Salz*
*1 Messerspitze roter Pfeffer, frisch gemahlen*
*Zum Garnieren:*
*1 Mango*
*1 Pfirsich*
*50 g Kirschen*
*1 Karambole*
*1 Teel. Zitronensaft*
*120 g Friséesalat*

**Raffiniert**

Zubereitungszeit: etwa 1 Std.
(+ 1 Std. Marinierzeit)

Pro Portion etwa:
1100 kJ/260 kcal
6 g EW · 8 g F · 41 g KH
• 1,4 mg Eisen

**1.** Den Reis mit ¾ l Wasser, Salz und dem Curry zugedeckt etwa 40 Minuten garen. Etwas abkühlen lassen und mit den Erbsen, dem Mais und den Pinienkernen vermengen.

**2.** Für die Marinade die Dickmilch, die Crème fraîche, den Essig und den Zitronensaft in einer kleinen Schüssel glattrühren. Mit dem Honig, Salz und dem Pfeffer pikant abschmecken. Die Marinade über den Reis geben. Den Reis im Kühlschrank etwa 1 Stunde ziehen lassen.

**3.** Das Obst waschen. Die Mango schälen und in Fächern vom Kern schneiden. Den Pfirsich vierteln, entkernen und in Fächer schneiden. Die Kirschen halbieren und entsteinen. Die Karambole in dünne Scheiben schneiden, so daß jeweils ein Stern entsteht. Das Obst sofort mit dem Zitronensaft beträufeln.

**4.** Den Friseésalat waschen, in Blätter teilen und auf eine große Salatplatte legen. Den Reissalat in der Mitte aufhäufen und mit dem vorbereiteten Obst garnieren.

# Schichtkartoffeln mit Rosenkohl

*Zutaten für 4 Personen:*
*400 g Kartoffeln*
*Salz*
*weißer Pfeffer, frisch gemahlen*
*Paprikapulver, rosenscharf*
*150 g saure Sahne*
*100 g Emmentaler, frisch gerieben*
*400 g Rosenkohl*
*2 Schalotten*
*1 Teel. Butter*
*½ l Gemüsebrühe*
*Für die Form:*
*1 Teel. Butter*

## Ganz einfach

Zubereitungszeit: etwa 1 Std. 10 Min.

Pro Portion etwa:
1120 kJ/270 kcal
15 g EW · 13 g F · 22 g KH
• 2,1 mg Eisen

**1.** Eine feuerfeste Form mit der Butter ausfetten. Den Backofen auf 220° vorheizen.

**2.** Die Kartoffeln waschen, schälen und in dünne Scheiben schneiden.

**3.** Die Kartoffelscheiben mit Salz, Pfeffer und Paprika pikant würzen. Schichtweise mit der sauren Sahne und dem Käse in die Form füllen.

**4.** Die Schichtkartoffeln im Backofen (Mitte) etwa 50 Minuten backen, bis sich die Oberfläche der Kartoffeln goldbraun färbt.

**5.** Inzwischen den Rosenkohl waschen, die welken Blätter entfernen und die Strünke kreuzweise einschneiden.

**6.** Die Schalotten schälen und kleinhacken. Die Butter erhitzen und die Schalotten darin glasig braten. Den Rosenkohl zu den Schalotten geben, von allen Seiten andünsten, leicht salzen und mit der Gemüsebrühe aufgießen.

**7.** Das Gemüse bei schwacher Hitze etwa 15 Minuten garen.

**8.** Die Schichtkartoffeln mit dem Rosenkohl servieren.

# Hackbällchen auf Gemüsebett

*Zutaten für 4 Personen:*
*Für die Hackbällchen:*
*250 g mageres Hackfleisch*
*½ Zwiebel*
*½ Knoblauchzehe*
*1 Ei*
*50 g Semmelbrösel*
*50 g Emmentaler, frisch gerieben*
*½ Teel. Salz*
*schwarzer Pfeffer, frisch gemahlen*
*Paprikapulver, rosenscharf*
*1 Prise Kümmelpulver*
*Zum Braten:*
*1 Eßl. Sonnenblumenöl*
*Für das Gemüsebett:*
*150 g Blattspinat*
*2 Kohlrabi*
*200 g Möhren*
*½ Zwiebel*
*1 Teel. Butter*
*Salz*
*Muskatnuß, frisch gerieben*
*⅛ l Gemüsebrühe*

## Raffiniert

Zubereitungszeit: etwa 45 Min.

Pro Portion etwa:
1400 kJ/330 kcal
25 g EW · 19 g F · 17 g KH
• 4,6 mg Eisen

**1.** Für die Hackbällchen das Hackfleisch in eine Schüssel geben. Die Zwiebel und den Knoblauch schälen, kleinhacken und unterheben.

**2.** Das Ei, die Semmelbrösel, den Käse und die Gewürze unter das Hackfleisch mengen und alles zu einem glatten Teig verarbeiten.

**3.** Für das Gemüsebett das Gemüse waschen. Den Spinat verlesen. Die Kohlrabi und die Möhren schälen und in Stifte schneiden. Die Zwiebel schälen und klein würfeln.

**4.** ½ Teelöffel Butter in einem Topf erhitzen. Die Kohlrabi- und die Möhrenstifte andünsten, mit Salz und Muskat würzen und mit der Brühe aufgießen. Bei schwacher Hitze zugedeckt etwa 10 Minuten garen.

**5.** Inzwischen das Hackfleisch zu Bällchen formen. Zum Braten das Öl erhitzen und die Bällchen von allen Seiten bei mittlerer Hitze in etwa 10 Minuten goldbraun backen.

**6.** Währenddessen die restliche Butter in einer Pfanne erhitzen und die Zwiebelwürfel darin glasig braten. Den Spinat dazugeben, leicht würzen und unter mehrmaligem Wenden garen.

**7.** Den Spinat auf eine ovale Form verteilen, die Gemüsestifte abgießen und um den Rand geben. Die Hackbällchen in der Mitte aufhäufen. Sofort servieren.

# Gemüseplatte mit Kalbfleisch

Ein Gemüse, das »süß-sauer« zubereitet ist, schmeckt besonders gut zu Kalbfleisch. Sie können jede Art von Gemüse verwenden, achten Sie aber darauf, daß das Gemüse immer frisch zubereitet wird.

*Zutaten für 4 Personen:*
*1 Bund Suppengemüse*
*2 kleine Zwiebeln*
*300 g mageres Kalbfleisch*
*½ l Wasser*
*½ Bund Petersilie*
*Salz*
*2 Eßl. Essig*
*2 Lorbeerblätter*
*5 getrocknete Wacholderbeeren*
*100 g Chinakohl*
*150 g Knollensellerie*
*2 gelbe Paprikaschoten*
*1 frische rote Peperoni*
*1 Teel. Butter*
*100 g gekochte Erbsen aus dem Glas (oder tiefgefrorene aufgetaut)*
*Pfeffer, frisch gemahlen*
*1 Teel. Honig*
*1 Messerspitze Anispulver*
*Currypulver*

**Ganz einfach**

Zubereitungszeit: etwa 1 ½ Std.

Pro Portion etwa:
570 kJ/140 kcal
19 g EW · 3 g F · 9 g KH
• 5,2 mg Eisen

**1.** Das Suppengemüse kleinschneiden. 1 Zwiebel schälen und vierteln. Das Fleisch mit dem Wasser, dem Suppengemüse, der Zwiebel, der Petersilie und den Würzzutaten zum Kochen bringen. Bei schwacher Hitze zugedeckt etwa 45 Minuten garen.

**2.** Das Gemüse waschen. Den Chinakohl in 1 cm breite Streifen schneiden. Den Sellerie schälen und in Stifte schneiden. Die Paprikaschoten halbieren, entkernen und in kleine Stücke schneiden. Die Peperoni vierteln. Die übrige Zwiebel würfeln.

**3.** Die Butter in einem Topf erhitzen, die Zwiebel darin glasig braten, das Gemüse und die Erbsen hinzufügen, von allen Seiten andünsten und mit Salz, Pfeffer, dem Honig, dem Anis und dem Curry pikant abschmecken.

**4.** ⅛ l Brühe vom Kalbfleisch abnehmen, das Gemüse damit aufgießen und bei schwacher Hitze zugedeckt etwa 15 Minuten garen.

**5.** Das gare Kalbfleisch aus der Brühe nehmen, in kleine Würfel schneiden, unter das Gemüse heben und das Gericht auf einer runden Platte servieren. Dazu passen Salzkartoffeln oder der Kartoffelschnee vom Rezept unten.

**Tip!**
Die Brühe vom Kalbfleisch noch mit etwas Wasser aufgießen und nachwürzen – mit Einlage ergibt das noch eine köstliche Suppe.

# Kartoffelschnee

*Zutaten für 4 Personen:*
*400 g Pellkartoffeln, frisch gekocht*
*Salz*
*20 g Butter*

**Ganz einfach**
**Schnell**

Zubereitungszeit: etwa 12 Min.

Pro Portion etwa:
445 kJ/110 kcal
2 g EW · 4 g F · 15 g KH
• 0,8 mg Eisen

**1.** Die Kartoffeln heiß schälen und durch eine Kartoffelpresse drücken.

**2.** Den Kartoffelschnee mit Salz und der Butter verfeinern.

# Mexikanische Hähnchenkeulen

| |
|---|
| *Zutaten für 4 Personen:* |
| *4 Hähnchenkeulen* |
| *2 Gemüsezwiebeln* |
| *2 rote Paprikaschoten* |
| *200 g Maiskörner aus dem Glas* |
| *150 g gekochte weiße Bohnen (aus dem Glas)* |
| *1 Teel. Sonnenblumenöl* |
| *1/8 – 1/4 l Hühnerbrühe* |
| *1 Knoblauchzehe* |
| *1/2 Teel. Paprikapulver, edelsüß* |
| *1/2 Teel. Paprikapulver, scharf* |
| *1/2 Teel. Salz* |
| *schwarzer Pfeffer, frisch gemahlen* |
| *1 Teel. Maisgrieß* |

## Ganz einfach

Zubereitungszeit:
etwa 1 Std. 10 Min.

Pro Portion etwa:
1400 kJ/330 kcal
40 g EW · 8 g F · 28 g KH
• 4,4 mg Eisen

**1.** Die Hähnchenkeulen waschen und entfetten. Die Zwiebeln schälen und in große Würfel schneiden. Die Paprikaschoten und den Mais waschen. Die Paprikaschoten halbieren, entkernen und in Streifen schneiden. Die Bohnen abtropfen lassen.

**2.** Das Öl in einem breiten Topf erhitzen. Die Hähnchenkeulen von allen Seiten anbraten, das vorbereitete Gemüse hinzugeben, kurz andünsten und mit 1/8 l Hühnerbrühe ablöschen. Den Knoblauch schälen und dazupressen. Das Gemüse mit den beiden Paprika, Salz und Pfeffer pikant abschmecken und bei schwacher Hitze zugedeckt etwa 45 Minuten garen. Eventuell zwischendurch noch etwas Brühe dazugeben.

**3.** Sobald sich das Fleisch leicht von den Keulen löst, die Keulen herausnehmen und warm stellen.

**4.** Das Gemüse mit dem Maisgrieß binden, kurz aufkochen und bei schwacher Hitze nochmals etwa 5 Minuten garen. Die Hähnchenkeulen mit dem mexikanischen Gemüse servieren.

# Hähnchentoast

| |
|---|
| *Zutaten für 4 Personen:* |
| *400 g Hähnchenbrustfilets* |
| *1/2 l Hühnerbrühe, gut gewürzt* |
| *1/2 Ananas* |
| *4 Scheiben Mehrkorntoast* |
| *1–2 Teel. Butter* |
| *4 Scheiben Emmentaler* |
| *Salatblätter* |

## Ganz einfach

Zubereitungszeit: etwa 40 Min.

Pro Portion etwa:
1300 kJ/310 kcal
32 g EW · 10 g F · 10 g KH
• 3,3 mg Eisen

**1.** Die Hähnchenbrüste waschen und in der Hühnerbrühe etwa 15 Minuten bei mittlerer Hitze kochen.

**2.** Die Hähnchenbrüste herausnehmen und abkühlen lassen. Den Backofen auf 220° vorheizen. Die Ananas schälen, die braunen »Augen« entfernen und das Fruchtfleisch in etwa 1 cm dicke Scheiben schneiden. Den harten Strunk aus den Ananasscheiben entfernen.

**3.** Die Toastbrote mit der Butter bestreichen, nacheinander je 1 Scheibe Hähnchenbrust, Ananas und Käse darauf legen und den Hähnchentoast auf das Backblech geben.

**4.** Den Toast im Backofen (oben) etwa 10 Minuten backen, bis der Käse schmilzt und sich goldbraun färbt. Den Toast auf Salatblättern anrichten und heiß servieren.

*Im Bild hinten: Hähnchentoast*
*Im Bild vorne: Mexikanische Hähnchenkeulen*

# Geschnetzeltes mit Tomatenreis

*Zutaten für 4 Personen:*
*Für das Geschnetzelte:*
*500 g Putenbrust*
*1 Zwiebel*
*1 Teel. Sonnenblumenöl*
*Salz*
*weißer Pfeffer, frisch gemahlen*
*1 Eßl. Mehl*
*100 g saure Sahne*
*Für den Reisrand:*
*150 g Naturreis*
*400 ml Wasser*
*Salz*
*200 g Fleischtomaten*
*1 Teel. Tomatenmark*
*Paprikapulver, edelsüß*
*1 Teel. Butter*
*Zum Garnieren:*
*krause Petersilie*

## Herzhaft

Zubereitungszeit: etwa 1 Std.

Pro Portion etwa:
1500 kJ/360 kcal
31 g EW · 10 g F · 37 g KH
• 3,8 mg Eisen

**1.** Für das Geschnetzelte das Putenfleisch waschen, eventuell enthäuten und in feine Streifen schneiden.

**2.** Die Zwiebel schälen und in kleine Würfel schneiden.

**3.** Für den Reisrand den Reis mit dem Wasser und etwas Salz zum Kochen bringen und bei schwacher Hitze etwa 30 Minuten kochen.

**4.** Inzwischen für das Geschnetzelte das Öl in einer Pfanne erhitzen und die Putenstreifen von allen Seiten anbraten. Die Zwiebel hinzufügen und kurz mitbraten. Das Fleisch mit Salz und Pfeffer würzen und mit dem Mehl bestäuben. Mit ⅛ l Wasser aufgießen und etwa 15 Minuten bei schwacher Hitze garen, eventuell warm halten.

**5.** Wenn der Reis fast gar ist, die Tomaten waschen und halbieren. Die grünen Stielansätze und die Kerne entfernen. Das Tomatenfleisch in kleine Stücke schneiden und mit dem Tomatenmark und Paprikapulver unter den Reis mengen.

**6.** Den Tomatenreis nochmals etwa 5 Minuten bei schwacher Hitze ziehen lassen.

**7.** Eine Springform mit Einsatz fetten, den heißen Tomatenreis hineinfüllen und den Reis auf eine runde Platte stürzen.

**8.** Das Putengeschnetzelte mit der sauren Sahne abschmecken und in die Mitte des Reisrandes füllen. Das Gericht mit der Petersilie garnieren.

# Tagliatelle in Knoblauchsauce

*Zutaten für 4 Personen:*
*2 Schalotten*
*3 Knoblauchzehen*
*1 Eßl. Olivenöl*
*½ l Gemüsebrühe*
*Salz*
*300 g grüne Tagliatelle*
*1 Eßl. Mehl*
*100 g Sahne*
*½ Bund gemischte Kräuter*

## Vegetarisch

Zubereitungszeit: etwa 25 Min.

Pro Portion etwa:
1600 kJ/380 kcal
11 g EW · 14 g F · 54 g KH
• 2,8 mg Eisen

**1.** Die Schalotten und den Knoblauch schälen und kleinhacken. Das Öl in einem Topf erhitzen und die Schalotten und den Knoblauch darin glasig dünsten. Mit der Gemüsebrühe aufgießen und etwa 5 Minuten leicht kochen.

**2.** Inzwischen 1 l Salzwasser zum Kochen bringen, die Nudeln hinzufügen und unter mehrmaligem Rühren bei schwacher Hitze in etwa 7 Minuten bißfest kochen. Die Nudeln dann abgießen, eventuell warm stellen.

**3.** Während die Nudeln kochen, das Mehl mit der Sahne verrühren und unter ständigem

Rühren in die Sauce einlaufen lassen. Anschließend bei schwacher Hitze etwa 10 Minuten quellen lassen.

**4.** Die Kräuter waschen, kleinhacken und kurz vor Garzeitende in die Sauce geben.

**5.** Die Nudeln zusammen mit der Knoblauch-Kräuter-Sauce servieren.

> **Tip!**
> Wenn Sie genügend Zeit haben, können Sie den Teig für Ihre Spinat-Tagliatelle auch selbst zubereiten. Dazu 250 g Mehl, etwas Salz, 2 kleine Eier, etwa 1 Eßlöffel Wasser und 100 g blanchierten, pürierten Blattspinat verkneten, bis ein glatter Teig entsteht. Den Teig zu dünnen Platten auswellen, in breite Streifen schneiden, auflockern und trocknen lassen.
> Die selbstgemachten Tagliatelle werden wie im Rezept beschrieben verwendet.

# Überbackene Ravioli

*Zutaten für 4 Personen:*
*Salz*
*300 g getrocknete, gefüllte Ravioli (Fleisch- oder Gemüsefüllung)*
*200 g Eiertomaten*
*½ Zwiebel*
*½ Knoblauchzehe*
*1 Teel. Butter*
*1 Teel. Tomatenmark*
*weißer Pfeffer, frisch gemahlen*
*1 Messerspitze gerebelter Oregano*
*1 Eßl. Mehl*
*½ l Gemüsebrühe*
*½ Bund Petersilie*
*50 g Sahne*
*150 g Mozzarella*
*Für die Form:*
*1 Teel. Butter*

**Rezept zum Titelbild**

Zubereitungszeit: etwa 50 Min.

Pro Portion etwa:
100 kJ/240 kcal
12 g EW · 14 g F · 16 g KH
• 1,8 mg Eisen

**1.** 1 l Salzwasser zum Kochen bringen und die Ravioli in etwa 5 Minuten halb gar kochen. Dann die Ravioli herausnehmen, kalt abbrausen und zur Seite stellen.

**2.** Inzwischen die Tomaten waschen, die grünen Stielansätze entfernen und das Fruchtfleisch in Würfel schneiden. Die Zwiebel und den Knoblauch schälen und kleinschneiden.

**3.** Die Butter in einem Topf erhitzen, die Zwiebelwürfel darin glasig braten, die Tomatenstücke dazugeben und kurz mitdünsten. Die Tomaten mit dem Tomatenmark, Salz, Pfeffer und dem Oregano pikant abschmecken und mit dem Mehl bestäuben. Die Gemüsebrühe zugießen und die Sauce bei schwacher Hitze etwa 10 Minuten quellen lassen.

**4.** Den Backofen auf 200° vorheizen. Eine ofenfeste Form mit der Butter ausfetten.

**5.** Die Petersilie waschen, kleinhacken und mit der Sahne unter die Tomatensauce geben. Den Mozzarella abtropfen lassen und in Scheiben schneiden.

**6.** Die Ravioli in die Form geben, mit der Sauce begießen und mit den Mozzarellascheiben belegen.

**7.** Die Ravioli im Backofen (Mitte) etwa 20 Minuten backen, bis sich die Oberfläche goldbraun färbt.

> **Tip!**
> Gemischter Salat mit Vinaigrette eignet sich als Beilage sehr gut zu diesem köstlichen Gericht.

# Forelle im Pistazienmantel

*Zutaten für 4 Personen:*
*4 kleine Forellen*
*Salz*
*2 Eßl. Zitronensaft*
*2 Eier*
*50 g Semmelbrösel*
*100 g Pistazienkerne, fein gemahlen*
*2 Eßl. Mehl*
*1 Eßl. Butter in Flocken*
*Für die Form:*
*2 Teel. Butter*
*Zum Garnieren:*
*1 unbehandelte Zitrone*

**Raffiniert**

Zubereitungszeit: etwa 50 Min.

Pro Portion etwa:
1400 kJ/330 kcal
20 g EW · 22 g F · 16 g KH
• 4,4 mg Eisen

**1.** Die Forellen waschen, salzen und mit dem Zitronensaft beträufeln.

**2.** Den Backofen auf 200° vorheizen. Eine breite ofenfeste Form mit der Butter ausstreichen. Die Eier verquirlen. Die Semmelbrösel mit den Pistazien mischen.

**3.** Die Forellen zuerst im Mehl, dann in den Eiern und zum Schluß in dem Semmelbrösel-Pistazien-Gemisch wenden.

**4.** Die Forellen in die Form legen, von allen Seiten vorsichtig anbraten, mit den Butterflocken belegen und im Backofen in etwa 30 Minuten goldbraun backen. Die Forellen mit Zitronenscheiben garnieren und mit Butterkartoffeln und Feldsalat mit Joghurtdressing servieren.

# Seehecht mit Oliven-Paprikasauce

*Zutaten für 4 Personen:*
*Für den Fischsud:*
*1 Eßl. Essig*
*1 Zwiebel*
*1 Bund Suppengemüse, kleingeschnitten*
*3 Lorbeerblätter*
*500 g Seehechtfilet*
*1 Eßl. Zitronensaft*
*1/2 Teel. Salz*
*weißer Pfeffer, frisch gemahlen*
*Für die Sauce:*
*1 Schalotte*
*1 Knoblauchzehe*
*2 rote Paprikaschoten*
*1 grüne Paprikaschote*
*100 g gefüllte Oliven*
*1 frische rote Peperoni*
*1 Teel. Olivenöl*
*Salz*
*roter Pfeffer, frisch gemahlen*
*Paprikapulver, rosenscharf*

**Gelingt leicht**

Zubereitungszeit: etwa 1 Std.

Pro Portion etwa:
780 kJ/190 kcal
24 g EW · 6 g F · 9 g KH
• 2,8 mg Eisen

**1.** Für den Fischsud 3/4 l Wasser mit dem Essig, der geschälten und halbierten Zwiebel, dem Suppengemüse und den Lorbeerblättern aufkochen und bei schwacher Hitze etwa 30 Minuten köcheln.

**2.** Inzwischen den Seehecht waschen, mit dem Zitronensaft beträufeln und mit dem Salz und Pfeffer bestreuen. Etwa 10 Minuten marinieren.

**3.** Währenddessen für die Sauce die Schalotte und den Knoblauch schälen und kleinschneiden. Das Gemüse waschen. Die Paprikaschoten entkernen und in kleine Würfel schneiden. Die Oliven quer halbieren. Die Peperoni aufschlitzen, von den Kernen befreien und kleinschneiden.

**4.** Das Öl erhitzen, die Schalotte und den Knoblauch darin glasig braten, das Gemüse hinzufügen und unter Wenden andünsten. Das Gemüse mit den Gewürzen abschmecken und mit 1/8 l Fischsud aufgießen. Etwa 10 Minuten garen.

**5.** Inzwischen den Seehecht in Portionsstücke schneiden, in den übrigen Sud legen und bei schwacher Hitze etwa 8 Minuten garen. Den Seehecht herausnehmen und mit der Sauce reichen.

*Bild oben: Forelle im Pistazienmantel*
*Bild unten: Seehecht mit Oliven-Paprikasauce*

# Broccoli-Tomaten-Auflauf

*Zutaten für 4 Personen:*
*½ l Gemüsebrühe*
*500 g Broccoli*
*300 g Tomaten*
*1 Zwiebel*
*½ Knoblauchzehe*
*100 g Tofu*
*100 g Mozzarella*
*1 Teel. Olivenöl*
*Salz*
*weißer Pfeffer, frisch gemahlen*
*gerebelter Oregano*
*½ Bund frisch gehackte Petersilie*
*100 g Emmentaler, frisch gerieben*
*Für die Form:*
*1 Teel. Butter*

## Ganz einfach

Zubereitungszeit: etwa 50 Min.

Pro Portion etwa:
1100 kJ/260 kcal
20 g EW · 16 g F · 7 g KH
• 2,3 mg Eisen

**1.** Die Gemüsebrühe zum Kochen bringen. Den Broccoli waschen und in die Röschen teilen. Die harten Strünke schälen und in Stücke schneiden. Die Tomaten waschen und in Scheiben schneiden.

**2.** Den Broccoli in der Gemüsebrühe bei schwacher Hitze in etwa 10 Minuten bißfest kochen.

**3.** Eine Auflaufform mit der Butter ausfetten. Den Backofen auf 200° vorheizen.

**4.** Die Zwiebel und den Knoblauch schälen und kleinschneiden. Den Tofu in kleine Würfel schneiden. Den Mozzarella in dünne Scheiben schneiden.

**5.** Das Olivenöl in einer Pfanne erhitzen und die Zwiebel- und die Knoblauchwürfel darin glasig braten. Die Tofuwürfel hinzufügen, unter mehrmaligem Wenden anbraten und mit etwas Salz und Pfeffer würzen.

**6.** Den Broccoli aus der Brühe nehmen, abtropfen lassen, in die Auflaufform geben und mit den Tofuwürfeln und den Tomatenscheiben belegen.

**7.** Den Auflauf mit Salz, Pfeffer, dem Oregano und der Petersilie würzen und mit ⅛ l vom Broccolisud aufgießen.

**8.** Den Broccoli-Tomaten-Auflauf mit dem Mozzarella belegen, mit dem Emmentaler bestreuen und im Backofen (Mitte) in etwa 20 Minuten goldbraun backen. Dazu paßt die folgende Kartoffelpfanne.

# Kartoffelpfanne

*Zutaten für 4 Personen:*
*500 g Pellkartoffeln vom Vortag*
*2 Schalotten*
*1 Knoblauchzehe*
*1 Eßl. Oliven- oder Sonnenblumenöl*
*400 g gekochte rote Bohnen (aus dem Glas)*
*50 g geschälte Mandeln*
*Salz*
*weißer Pfeffer, frisch gemahlen*
*1 Messerspitze Koriander, gemahlen*
*100 g Camembert*

## Ganz einfach

Zubereitungszeit: etwa 15 Min.

Pro Portion etwa:
2100 kJ/500 kcal
25 g EW · 20 g F · 54 g KH
• 7,7 mg Eisen

**1.** Die Kartoffeln schälen und in dünne Scheiben schneiden. Die Schalotten und den Knoblauch schälen und in kleine Würfel schneiden

**2.** Das Öl in einer Pfanne erhitzen und die Schalotten und den Knoblauch darin glasig braten.

**3.** Die Kartoffelscheiben mit den abgetropften Bohnen dazugeben und unter mehrmaligem Wenden in 8–10 Minuten braten.

**4.** Die Mandeln grob hacken und zusammen mit den Gewürzen zu den Kartoffeln geben.

**5.** Den Camembert in Scheiben schneiden, unter die Kartoffeln heben und bei schwacher Hitze schmelzen lassen. Die Kartoffelpfanne sofort servieren.

*Im Bild hinten: Broccoli-Tomaten-Auflauf*
*Im Bild vorne: Kartoffelpfanne*

# Gebackene Zucchini und Kohlrabi

*Zutaten für 4 Personen:*
*2 große Zucchini*
*2 Kohlrabi*
*1 Eßl. Zitronensaft*
*Salz*
*1 Messerspitze Muskatnuß, frisch gerieben*
*weißer Pfeffer, frisch gemahlen*
*2 Eier*
*50 g Semmelbrösel*
*50 g gemahlene Haselnüsse*
*2 Eßl. Mehl*
*Zum Backen:*
*3 Eßl. Sonnenblumenöl*

**Ganz einfach**

Zubereitungszeit: etwa 40 Min.

Pro Portion etwa:
1300 kJ/310 kcal
12 g EW · 19 g F · 25 g KH
• 3 mg Eisen

**1.** Die Zucchini und die Kohlrabi waschen. Die Kohlrabi dünn schälen. Das Gemüse in etwa 1 cm dicke Scheiben schneiden. Den Zitronensaft mit Salz, dem Muskat und Pfeffer verrühren und über das Gemüse träufeln.

**2.** Die Eier verquirlen. Die Semmelbrösel und die Haselnüsse mischen. Das Mehl, die Eier und die Brösel-Nüsse jeweils in einen flachen Teller geben.

**3.** Die Gemüsescheiben zuerst im Mehl, dann in den Eiern und abschließend in dem Semmelbrösel-Haselnuß-Gemisch wenden.

**4.** Das Öl in einer Pfanne erhitzen und die Zucchini- und Kohlrabischeiben darin von allen Seiten in etwa 10 Minuten goldbraun braten.

# Mangold-Champignon-Quiche

Achten Sie beim Einkauf von Mangold darauf, daß er frisch und knackig aussieht und keine dunklen Flecken hat.

*Zutaten für eine Springform von 28 cm ø:*

*Für den Teig:*
*200 g Weizen-Vollkornmehl*
*1 Ei*
*80 g Butter*
*Salz*
*weißer Pfeffer, frisch gemahlen*

*Für den Belag:*
*300 g Mangold*
*200 g Champignons*
*1 Zwiebel*
*1 Teel. Sonnenblumenöl*
*2 Eier*
*200 g saure Sahne*
*50 g Sahne*
*Salz*
*weißer Pfeffer, frisch gemahlen*
*Paprikapulver, edelsüß*
*Butter für die Form*

## Vegetarisch

Zubereitungszeit: etwa 1 ¼ Std.

Bei 4 Portionen pro Portion etwa:
2100 kJ/500 kcal
16 g EW · 33 g F · 36 g KH
• 5,2 mg Eisen

**1.** Für den Teig das Mehl auf ein Brett schütten. In die Mitte des Mehls eine Mulde drükken, das Ei, die in kleine Scheiben geschnittene Butter und Salz und Pfeffer hinzufügen und alles zu einem glatten Teig verarbeiten. Den Teig kühl stellen.

**2.** Für den Belag den Mangold waschen und putzen, die dicken Stiele entfernen. Die Champignons putzen und blättrig schneiden. Die Zwiebel schälen und fein schneiden. Das Öl in einer Pfanne erhitzen und die Zwiebel darin glasig braten. Dann den Mangold und die Champignons etwa 5 Minuten dünsten.

**3.** Den Backofen auf 200° vorheizen. Die Form fetten. Den Teig messerrückendick auswellen, den Boden und den Rand der Form damit auslegen. Den Boden mehrmals mit einer Gabel einstechen und im Backofen (Mitte) etwa 15 Minuten vorbacken.

**4.** Das Gemüse mit den Eiern und der Sahne verrühren und mit den Gewürzen abschmekken. Auf dem vorgebackenen Boden verteilen. Die Quiche in etwa 30 Minuten goldbraun backen. Die Quiche heiß oder kalt servieren.

# Grüne Bohnen-Kräuter-Suppe

*Zutaten für 4 Personen:*
*1 Zwiebel*
*30 g Butter*
*50 g Roggen-Vollkornmehl*
*1 l Gemüsebrühe*
*Salz*
*Muskatnuß, frisch gerieben*
*weißer Pfeffer, frisch gemahlen*
*1 Bund gemischte Kräuter*
*160 g gekochte weiße Bohnen (aus dem Glas)*
*125 g Crème fraîche*

**Schnell**

Zubereitungszeit: etwa 20 Min.

Pro Portion etwa:
980 kJ/230 kcal
5 g EW · 16 g F · 20 g KH
• 11,1 mg Eisen

**1.** Die Zwiebel schälen und kleinschneiden. Die Butter in einem mittelgroßen Topf erhitzen und die Zwiebel darin glasig braten.

**2.** Das Mehl auf einmal zu den Zwiebeln geben und so lange rühren, bis eine helle Einbrenne entsteht.

**3.** Die Einbrenne sofort mit der Gemüsebrühe aufgießen, mit dem Schneebesen verrühren und mit Salz und Muskat abschmecken. Die Suppe bei schwacher Hitze in etwa 10 Minuten ausquellen lassen.

**4.** Inzwischen die Kräuter waschen, verlesen, abzupfen und kleinschneiden.

**5.** Die Hälfte der Kräuter, die Bohnen und die Crème fraîche in die Suppe geben, vorsichtig verrühren und etwa 5 Minuten bei schwacher Hitze ziehen lassen.

**6.** Die Suppe auf vier tiefe Teller verteilen, mit den übrigen Kräutern bestreuen und heiß servieren.

# Kartoffelsuppe

*Zutaten für 4 Personen:*
*400 g Kartoffeln*
*100 g Möhren*
*150 g Staudensellerie*
*1 Stange Lauch*
*1 Zwiebel*
*1 Teel. Butter*
*1 l Gemüsebrühe*
*Salz*
*1 Messerspitze gerebelter Majoran*
*1 Messerspitze Muskatnuß, frisch gerieben*
*½ Bund frisch gehackte Petersilie*
*Nach Belieben:*
*2 dicke Scheiben gekochter Schinken*

**Gut vorzubereiten**

Zubereitungszeit: etwa 35 Min.

Pro Portion etwa:
410 kJ/50 kcal
4 g EW · 2 g F · 19 g KH
• 3,1 mg Eisen

**1.** Das Gemüse waschen. Die Kartoffeln schälen und in kleine Würfel schneiden. Die Möhren und den Sellerie schälen und in Stücke teilen. Den Lauch putzen, waschen und in dünne Scheiben schneiden. Die Zwiebel schälen und kleinhacken.

**2.** Die Butter in einem großen Topf erhitzen und die Zwiebel darin glasig braten.

**3.** Das vorbereitete Gemüse dazugeben, mit der Gemüsebrühe aufgießen und die Suppe mit Salz, dem Majoran und dem Muskat abschmecken.

**4.** Die Suppe zum Kochen bringen und bei schwacher Hitze zugedeckt etwa 20 Minuten garen.

**5.** Die Kartoffelsuppe mit der Petersilie und nach Geschmack mit dem in kleine Würfel geschnittenen Schinken verfeinern.

**Tip!**
Sie können die Kartoffelsuppe auch pürieren und mit Sahne verfeinern. Dadurch schmeckt sie sämiger und milder.

*Im Bild hinten: Kartoffelsuppe*
*Im Bild vorne: Grüne Bohnen-Kräuter-Suppe*

# Frühlingssülze mit Gemüsestreifen

Die Sülze läßt sich gut vorbereiten und hält sich im Kühlschrank etwa 3 Tage.
Je mehr frisches Gemüse und Kräuter Sie für die Sülze verwenden, desto voller wird sie im Geschmack.

| |
|---|
| *Zutaten für 4 Personen:* |
| *Salz* |
| *200 g Blumenkohl* |
| *100 g Broccoli* |
| *2 Möhren* |
| *100 g grüne Bohnen* |
| *1 gelbe Paprikaschote* |
| *1 rote Paprikaschote* |
| *12 Blatt weiße Gelatine* |
| *1 l Gemüsebrühe* |
| *1 Eßl. Obstessig* |
| *1 Teel. Zitronensaft* |
| *1 Messerspitze abgeriebene* |
| *Schale von 1 unbehandelten* |
| *Zitrone* |
| *1 hartgekochtes Ei* |
| *2 Tomaten* |
| *½ Bund krause Petersilie* |

## Vegetarisch

Zubereitungszeit: etwa 45 Min.
(+ 3 Std. Kühlzeit)

Pro Portion etwa:
460 kJ/110 kcal
12 g EW · 2 g F · 11 g KH
• 2,6 mg Eisen

**1.** 1 l Wasser mit etwas Salz zum Kochen bringen. Das Gemüse waschen. Den Blumenkohl und den Broccoli in Röschen teilen, die harten Strünke entfernen. Die Möhren schälen und in feine Stifte schneiden. Die Bohnen putzen und halbieren. Die Paprikaschoten vierteln, entkernen und in Streifen schneiden.

**2.** Die Bohnen ins heiße Wasser geben und bei schwacher Hitze etwa 5 Minuten garen. Dann das übrige Gemüse dazugeben und alles in etwa 7 Minuten bißfest kochen.

**3.** Das Gemüse mit einem Schaumlöffel herausnehmen und in Eiswasser geben, damit es seine Farbe behält.

**4.** Die Gelatineblätter in reichlich kaltem Wasser etwa 5 Minuten einweichen. Die Gemüsebrühe erwärmen und vom Herd nehmen. Die Gelatine ausdrücken und darin auflösen. Die Brühe mit dem Essig, dem Zitronensaft und der -schale pikant abschmecken.

**5.** Eine Terrinen- oder Kastenform kalt ausspülen. Die Gemüsebrühe etwa 2 cm hoch hineingießen (den Rest warm halten) und etwa 15 Minuten kühl stellen. Das Ei in Scheiben schneiden, die Tomaten vierteln. Die Petersilie waschen und trockenschwenken.

**6.** Auf den festen Spiegel das vorbereitete Gemüse, das Ei, die Tomaten und die Petersilie verteilen und mit der übrigen Brühe begießen. Die Sülze etwa 3 Stunden kühlen, bis sie schnittfest ist. Die Sülze in Scheiben schneiden und mit Bratkartoffeln servieren.

# Bratkartoffeln

| |
|---|
| *Zutaten für 4 Personen:* |
| *400 g gekochte Pellkartoffeln* |
| *1 Zwiebel* |
| *1 Eßl. Olivenöl* |
| *nach Belieben 160 g gekochte* |
| *Linsen (aus dem Glas)* |
| *Salz* |
| *weißer Pfeffer, frisch gemahlen* |
| *½ Teel. Kümmel* |

## Ganz einfach

Zubereitungszeit: etwa 15 Min.

Pro Portion etwa:
720 kJ/170 kcal
7 g EW · 4 g F · 27 g KH
• 3,5 mg Eisen

**1.** Die Kartoffeln schälen und in Scheiben schneiden. Die Zwiebel schälen und kleinschneiden.

**2.** Das Öl in einer Pfanne erhitzen, die Zwiebel glasig braten. Dann die Kartoffelscheiben bei mittlerer Hitze von allen Seiten knusprig braun braten. Die Linsen abtropfen lassen, unter die Kartoffelstücke heben und kurz mitbraten.

**3.** Die Bratkartoffeln mit Salz, Pfeffer und dem Kümmel pikant abschmecken und heiß servieren.

*Im Bild hinten:*
*Frühlingssülze mit Gemüsestreifen*
*Im Bild vorne: Bratkartoffeln*

# Tofuterrine mit Aspikwürfeln

Diese Terrine schmeckt so gut, daß sich die etwas aufwendige Zubereitung sicher lohnen wird. Sie können auch eine größere Portion zubereiten, da sich die Terrine im Kühlschrank einige Tage hält.

*Zutaten für 6 Personen:*
*Für die Terrine:*
*250 g Tofu*
*2 Eßl. Sojaöl*
*Salz*
*weißer Pfeffer, frisch gemahlen*
*1 Knoblauchzehe*
*2 Schalotten*
*1 rindenloses Brötchen*
*1 Eiweiß*
*2 Eßl. Sahne*
*500 g Mangold*
*2 Blatt Gelatine*
*100 ml Gemüsebrühe*
*1 Eigelb*
*1 Messerspitze Muskatnuß, frisch gerieben*
*100 g geschlagene Sahne*
*50 g Pistazienkerne*
*50 g getrocknete Aprikosen*
*Für die Aspikwürfel:*
*6 Blatt Gelatine*
*300 ml klare Gemüsebrühe*
*Salz*
*Zum Garnieren:*
*Gemüsestückchen*
*Für die Form:*
*2 Teel. Butter*

**Vegetarisch**

Zubereitungszeit: etwa 1 Std. (+ 12 Std. Marinierzeit + 2 Std. Kühlzeit)

Pro Portion etwa:
1400 kJ/330 kcal
13 g EW · 24 g F · 13 g KH
• 3,7 mg Eisen

**1.** Den Tofu abtropfen lassen und würfeln. 1 Eßlöffel Sojaöl, Salz und Pfeffer in einer Schüssel verrühren und den Tofu darin wenden.

**2.** Das restliche Öl in einem kleinen Topf erhitzen. Den Knoblauch und die Schalotten schälen, hacken und in dem Öl glasig braten. Mit dem kleingeschnittenen Brötchen zu dem Tofu geben. Das Eiweiß mit der Sahne vermengen und darüber gießen. Zugedeckt im Kühlschrank etwa 12 Stunden ziehen lassen.

**3.** Für die Aspikwürfel die Gelatine in kaltem Wasser etwa 10 Minuten einweichen. Die Gemüsebrühe erwärmen, leicht salzen, die ausgedrückte Gelatine darin auflösen.

**4.** Eine kleine längliche Backform mit kaltem Wasser ausspülen und die Flüssigkeit einfüllen. Die Gemüsegelatine im Kühlschrank erkalten lassen.

**5.** Inzwischen den Mangold waschen, die groben Rippen entfernen. ⅛ l Salzwasser zum Kochen bringen und die Mangoldblätter darin etwa 3 Minuten blanchieren. Mit einem Schaumlöffel aus dem Wasser nehmen und abkühlen und gut abtropfen lassen.

**6.** Die 2 Gelatineblätter in kaltem Wasser etwa 10 Minuten einweichen. Die 100 ml Gemüsebrühe erwärmen und die ausgedrückte Gelatine darin auflösen. Die Brühe abkühlen lassen.

**7.** Den Tofu fein pürieren, mit der Gelatinebrühe, dem Eigelb, dem Muskat und Salz vermengen. Wenn die Masse zu gelieren beginnt, die Schlagsahne unterrühren.

**8.** Eine längliche Terrinen- oder Kastenform ausfetten. Ein Drittel der Tofumasse hineingeben, mit gehackten Pistazien und zerkleinerten Aprikosen bestreuen. Kühl stellen, bis die Tofumasse fest wird. Die Hälfte vom Mangold daraufgeben, darauf wieder Tofu, Pistazien und Aprikosen. Fest werden lassen. Darauf den restlichen Mangold schichten, mit dem restlichen Tofu bedekken. (Achtung, daß der Tofu nicht schon vorher fest wird!) Kühl stellen.

**9.** Die Tofuterrine in Scheiben schneiden, auf einer großen Platte anrichten. Die Gemüsegelatine aus der Form nehmen (die Form kurz in heißes Wasser stellen) und in etwa 2 cm große Würfel schneiden. Die Tofuterrine mit den Aspikwürfeln und Gemüsestückchen garnieren.

*Die Terrine aus Tofu, Mangold, Sahne, Pistazien und Aprikosen ist ein kulinarischer Genuß – und bietet so ganz nebenbei reichlich Eisen.*

# Grünkern-frikadellen

| |
|---|
| *Zutaten für 4 Personen:* |
| *100 g Grünkernschrot* |
| *200 g Suppengemüse* |
| *Salz* |
| *schwarzer Pfeffer, fein gemahlen* |
| *½ Teel. Paprikapulver, edelsüß* |
| *½ Knoblauchzehe* |
| *1 kleine Zwiebel* |
| *50 g Semmelbrösel* |
| *1 Ei* |
| *1 Teel. frisch gehackte Petersilie* |
| *50 g Edamer, frisch gerieben* |
| *2 Eßl. Sonnenblumenöl* |
| *4 Vollkornbrötchen* |
| *4 Salatblätter* |
| *2 Tomaten* |
| *100 g Salatgurke* |

**Gut vorzubereiten**

Zubereitungszeit: etwa 50 Min.

Pro Portion etwa:
1400 kJ/330 kcal
12 g EW · 14 g F · 40 g KH
• 3,2 mg Eisen

**1.** 300 ml Wasser aufkochen. Den Schrot zugeben und unter ständigem Rühren bei schwacher Hitze etwa 10 Minuten quellen lassen.

**2.** Das Suppengemüse waschen, schälen, fein raspeln und zu dem Grünkern geben. Etwa 5 Minuten bei schwacher Hitze kochen.

**3.** Den Grünkernbrei mit den Gewürzen pikant abschmecken und kühl stellen.

**4.** Den Knoblauch und die Zwiebel schälen, kleinhacken und zu dem abgekühlten Grünkernbrei geben. Die Semmelbrösel, das Ei, die Petersilie und den Käse untermengen und alles zu einem glatten Teig verarbeiten.

**5.** Das Öl in einer Pfanne erhitzen, den Teig zu vier runden Pflänzchen formen und im heißen Fett auf beiden Seiten bei mittlerer Hitze in etwa 10 Minuten goldbraun braten.

**6.** Die Brötchen halbieren, mit je einem Salatblatt und einer Frikadelle belegen. Die Tomaten und die Gurke waschen, abtrocknen, in Scheiben schneiden, obenauf legen und mit dem Deckel des Brötchens bedecken.

# Möhren-bratlinge

| |
|---|
| *Zutaten für 4 Personen:* |
| *500 g junge Möhren* |
| *1 Teel. Zitronensaft* |
| *2 Grahambrötchen* |
| *2 Eier* |
| *100 g Semmelbrösel* |
| *50 g gemahlene Erdnüsse* |
| *Salz* |
| *weißer Pfeffer, frisch gemahlen* |
| *1 Messerspitze Anispulver* |
| *1 Prise Muskatnuß, frisch gerieben* |
| *1 Eßl. Olivenöl* |
| *100 g Friséesalat* |
| *4 Buttermilchbrötchen* |
| *2 Aprikosen* |

**Vegetarisch**

Zubereitungszeit: etwa 25 Min.

Pro Portion etwa:
1800 kJ/430 kcal
17 g EW · 15 g F · 57 g KH
• 5,9 mg Eisen

**1.** Die Möhren waschen, schälen und auf einer Rohkostreibe fein raspeln. Sofort mit dem Zitronensaft beträufeln.

**2.** Die Grahambrötchen in etwas Wasser einweichen, dann ausdrücken, zerpflücken und zu den Möhren geben. Die Eier, die Semmelbrösel und die Nüsse dazugeben und alles zu einem glatten Teig verarbeiten. Mit den Gewürzen pikant abschmecken.

**3.** Das Öl in einer Pfanne erhitzen. Den Teig zu vier Plätzchen formen und im heißen Öl auf beiden Seiten bei Hitze in etwa 10 Minuten goldbraun braten. Abkühlen lassen.

**4.** Den Friséesalat waschen und trockenschleudern. Die Brötchen halbieren, mit dem Friseésalat belegen und die Möhrenbratlinge darauf legen. Die Aprikosen häuten, halbieren, entsteinen und auf die Bratlinge verteilen. Die Deckel der Brötchen darauf setzen.

*Bild oben: Grünkernfrikadellen*
*Bild unten: Möhrenbratlinge*

# Paprika-aufstrich

*Zutaten für 2 Personen:*
*2 große rote Paprikaschoten*
*100 ml Gemüsebrühe*
*½ Knoblauchzehe*
*Salz*
*weißer Pfeffer, frisch gemahlen*
*1 Messerspitze Cayennepfeffer*
*1 Teel. Tomatenmark*

**Vegetarisch**

Zubereitungszeit: etwa 15 Min.

Pro Portion etwa:
170 kJ/40 kcal
3 g EW · 1 g F · 6 g KH
• 0,8 mg Eisen

**1.** Die Paprikaschoten waschen, entkernen und das Fruchtfleisch fein wiegen.

**2.** Die Gemüsebrühe zum Kochen bringen, die Paprikaschoten hineingeben und den Knoblauch dazudrücken. Mit Salz, Pfeffer, dem Cayennepfeffer und dem Tomatenmark abschmecken und unter ständigem Rühren in etwa 5 Minuten zu Mus kochen. Kühl stellen.

# Gemüse-aufstrich

*Zutaten für 2 Personen:*
*300 g verschiedenes Gemüse (Broccoli, Blumenkohl, Möhren, Sellerie)*
*1 Schalotte*
*1 Teel. Butter*
*Salz*
*1 Messerspitze Paprikapulver, edelsüß*
*1 Messerspitze Muskatnuß, frisch gerieben*
*eventuell etwas Gemüsebrühe*
*1 Teel. frisch gehackte Petersilie*

**Schnell**

Zubereitungszeit: etwa 15 Min.

Pro Portion etwa:
240 kJ/60 kcal
3 g EW · 2 g F · 5 g KH
• 3,3 mg Eisen

**1.** Das Gemüse waschen und je nach Sorte schälen oder entkernen. Das Gemüse auf einer Rohkostreibe fein raspeln. Die Schalotte schälen und kleinhacken.

**2.** Die Butter in einer Pfanne erhitzen. Die Schalotte darin glasig braten. Das Gemüse dazugeben und mit Salz, dem Paprikapulver und dem Muskat pikant abschmecken. Das Gemüse je nach Konsistenz mit etwas Gemüsebrühe aufgießen und unter mehrmaligem Wenden etwa 5 Minuten garen. Abkühlen lassen.

**3.** Die Petersilie unter den Gemüseaufstrich heben.

# Bohnen-aufstrich

*Zutaten für 2 Personen:*
*100 g gekochte weiße Bohnen (aus dem Glas)*
*1 kleine Zwiebel*
*1 Eßl. Crème fraîche*
*Salz*
*weißer Pfeffer, frisch gemahlen*
*Schnittlauch, Dill, Petersilie, Basilikum, Zitronenmelisse nach Belieben*

**Raffiniert**

Zubereitungszeit: etwa 15 Min.

Pro Portion etwa:
570 kJ/140 kcal
8 g EW · 3 g F · 18 g KH
• 12 mg Eisen

**1.** Die abgetropften Bohnen fein pürieren. Die Zwiebel schälen und fein hacken.

**2.** Das Bohnenmus mit der Crème fraîche und den Zwiebelwürfeln in einer Schüssel verrühren und mit Salz und Pfeffer pikant würzen.

**3.** Die Kräuter waschen, trockenschwenken, fein hacken und unter die Bohnenmasse heben. Gleich servieren.

## Tip!

Die Aufstriche sollten möglichst frisch verzehrt werden, damit nicht zu viele Vitamine verlorengehen. Servieren Sie die Brotaufstriche abwechslungsreich mit verschiedenen Brotsorten und Butter und garnieren Sie die Brötchen eventuell mit Kräutern oder kleinen Gemüsestückchen. Dann können sie eine Hauptmahlzeit ersetzen.

# Gemüsekuchen

*Zutaten für eine Springform von 28 cm ø:*
*Für den Teig:*
*200 g Roggen-Vollkornmehl*
*1 Messerspitze Weinstein-Backpulver*
*100 g Butter*
*1 Ei*
*Salz*
*1 Messerspitze Paprikapulver, edelsüß*
*Für den Belag:*
*200 g Blumenkohl*
*100 g grüne Bohnen*
*200 g Zucchini*
*200 g Möhren*
*1 Zwiebel*
*1 Eßl. Sonnenblumenöl*
*1/8 l Gemüsebrühe*
*Salz*
*weißer Pfeffer, frisch gemahlen*
*1 Messerspitze Muskatnuß, frisch gerieben*
*150 g saure Sahne*
*2 Eßl. Crème fraîche*
*2 Eier*
*1/2 Bund Petersilie*
*50 g Emmentaler, frisch gerieben*

## Gelingt leicht

Zubereitungszeit: etwa 1 3/4 Std.

Bei 4 Personen pro Portion etwa:
2500 kJ/600 kcal
18 g EW · 41 g F · 37 g KH
• 7 mg Eisen

**1.** Für den Teig das Mehl und das Backpulver auf ein Brett schütten und in die Mitte des Mehls eine Grube drücken. Die Butter in Flöckchen, das Ei, Salz und das Paprikapulver hinzufügen und alles rasch zu einem glatten Teig verarbeiten. Den Teig im Kühlschrank ruhen lassen.

**2.** Inzwischen für den Belag das Gemüse waschen. Den Blumenkohl in kleine Röschen teilen. Die Bohnen von den Enden befreien und kleinschneiden. Die Zucchini in feine Streifen schneiden. Die Möhren schälen und in dünne Scheiben schneiden. Die Zwiebel schälen und kleinhacken.

**3.** Das Sonnenblumenöl in einer Pfanne erhitzen und die Zwiebelwürfel darin glasig braten. Anschließend das vorbereitete Gemüse dazugeben und von allen Seiten kurz andünsten. Das Gemüse mit der Brühe aufgießen, mit den Gewürzen pikant abschmecken und in 10–12 Minuten bei schwacher Hitze bißfest garen. Das Gemüse abkühlen lassen.

**4.** Den Backofen auf 200° vorheizen. Den Teig messerrückendick auswellen, den Boden und den Rand der Form damit auskleiden und mit einer Gabel mehrmals einstechen. Den Teig im Backofen (Mitte) etwa 10 Minuten vorbacken.

**5.** Inzwischen die saure Sahne in einer kleinen Schüssel mit der Crème fraîche und den Eiern glattrühren.

**6.** Die Petersilie waschen, trockenschleudern, fein hacken und zu dem abgekühlten Gemüse geben.

**7.** Das Gemüse auf dem vorgebackenen Boden verteilen, mit der Sahne-Eier-Mischung übergießen und mit dem Käse bestreuen. Den Kuchen im Backofen (Mitte) in etwa 40 Minuten goldbraun backen.

**8.** Den Gemüsekuchen je nach Geschmack heiß oder kalt mit einem pikanten Dip servieren.

### Tip!

Für den Dip 200 g Speisequark (40%), 50 g Crème fraîche, Salz und Pfeffer mit dem Handrührgerät schaumig schlagen. 1 Knoblauchzehe durchpressen, je 1/2 Bund Dill, Schnittlauch und 3–4 Basilikumblätter fein hacken und mit dem Knoblauch unter den Quark heben.

# Melonenschiffe

Dieses Dessert sieht sehr ansprechend aus und ist ein idealer Abschluß eines jeden Hauptgerichtes. Wenn Sie Gäste erwarten, können Sie die Melonenschiffe und die Joghurtfüllung separat vorbereiten, kühl stellen und alles kurz vor dem Servieren fertigstellen.

*Zutaten für 4 Personen:*
*½ Honigmelone*
*200 g Sahnejoghurt*
*1 Teel. Zitronensaft*
*1 Teel. Birnendicksaft (oder Honig)*
*150 g blaue Weintrauben*
*2 Bananen*

## Gut vorzubereiten

Zubereitungszeit: etwa 30 Min.

Pro Portion etwa:
640 kJ/150 kcal
2 g EW · 1 g F · 35 g KH
• 0,7 mg Eisen

**1.** Die Honigmelone waschen, entkernen und längs vierteln. Das Fruchtfleisch vorsichtig aus der Schale lösen (die Schalen zur Dekoration auf vier Glasschälchen setzen) und kleinschneiden.

**2.** Den Joghurt mit dem Zitronensaft und dem Birnendicksaft in einer mittelgroßen Schüssel glattrühren.

**3.** Die Weintrauben waschen, halbieren und entkernen. Die Bananen schälen und in dünne Scheiben schneiden.

**4.** Das Melonenfleisch, die Weintrauben und die Bananen unter die Joghurtmasse heben und kurz vor dem Servieren auf die Schalen der Honigmelone geben, so daß die Form von Schiffchen entsteht.

# Biskuittaschen mit Kirschsahne

*Zutaten für 4 Personen:*
*Für den Biskuitteig:*
*3 Eier*
*50 g Honig*
*90 g Weizen-Vollkornmehl*
*1 Messerspitze Weinstein-Backpulver*
*Für die Füllung:*
*250 g Sahne*
*250 g Kirschen*
*Für das Backblech:*
*1 Teel. Butter und Backpapier*

## Braucht etwas Zeit

Zubereitungszeit: etwa 1 Std.

Pro Portion etwa:
1300 kJ/310 kcal
9 g EW · 16 g F · 33 g KH
• 2,1 mg Eisen

**1.** Für den Biskuitteig die Eier trennen. Die Eiweiße zu Schnee schlagen.

**2.** Die Eigelbe in eine Schüssel geben und mit dem Honig mit dem Handrührgerät schlagen, bis eine helle, zähe Masse entsteht.

**3.** Den Backofen auf 200° vorheizen. Ein Backblech einfetten und mit Backpapier auslegen.

**4.** Den Eischnee über die Eigelbmasse geben, das Mehl und das Backpulver darüber häufen und alles vorsichtig unterheben, bis ein glatter Teig entsteht.

**5.** Den Biskuitteig so auf das Backpapier streichen, daß vier gleich große runde Formen von 1 cm Dicke entstehen.

**6.** Den Biskuitteig im Backofen (Mitte) etwa 8 Minuten backen.

**7.** Sobald sich die Oberfläche des Teiges goldbraun färbt, die Biskuitscheiben aus dem Backofen nehmen und vom Backpapier entfernen. Jede Biskuitscheibe zur Hälfte einschlagen und abkühlen lassen.

**8.** Inzwischen für die Füllung die Sahne steif schlagen. Die Kirschen waschen, von den Stielen und Kernen befreien und unter die Sahne heben.

**9.** Die Biskuittaschen kurz vor dem Servieren mit der Kirschsahne füllen.

*Im Bild hinten: Melonenschiffe*
*Im Bild vorne:*
*Biskuittaschen mit Kirschsahne*

# Obstsalat mit Nüssen

*Zutaten für 2 Personen:*
*2 Pfirsiche*
*1 Kiwi*
*1 Banane*
*1 Teel. Zitronensaft*
*50 g Haselnüsse*
*Saft von ½ Orange*
*½–1 Teel. Honig*

## Ganz einfach

Zubereitungszeit: etwa 25 Min.

Pro Portion etwa:
1300 kJ/310 kcal
6 g EW · 16 g F · 36 g KH
• 2 mg Eisen

**1.** Die Pfirsiche waschen, halbieren und entsteinen. Das Fruchtfleisch in dünne Streifen schneiden. Die Kiwi und die Banane schälen und in feine Scheiben schneiden. Das Obst auf zwei Glasschälchen verteilen und mit dem Zitronensaft beträufeln.

**2.** Die Haselnüsse halbieren und über das Obst geben.

**3.** Den Orangensaft mit dem Honig verrühren, den Obst-Haselnuß-Salat damit begießen, vorsichtig vermengen und etwa 15 Minuten im Kühlschrank ziehen lassen.

# Johannisbeergrütze mit Vanilleschaum

Dieses Dessert läßt sich gut vorbereiten, schmeckt sehr fruchtig und eignet sich besonders für warme Tage. Frische Johannisbeeren haben viel Vitamin C und Eisen und sorgen für Energie und Schwung.

*Zutaten für 4 Personen:*
*Für die Grütze:*
*700 g rote Johannisbeeren*
*2 Teel. Zitronensaft*
*2–3 Eßl. Honig*
*60 g Speisestärke*
*Für den Vanilleschaum:*
*½ l Vollmilch*
*1 Packung Vanillepudding-Pulver*
*Salz*
*1 Teel. abgeriebene Schale von ½ unbehandelten Zitrone*
*2 Teel. Honig*
*2 Eiweiß*

## Braucht etwas Zeit

Zubereitungszeit: etwa 45 Min.
(+ 1 Std. Kühlzeit)

Pro Portion etwa:
1000 kJ/240 kcal
8 g EW · 5 g F · 41 g KH
• 1,8 mg Eisen

**1.** Für die Grütze die Johannisbeeren waschen und verlesen.

**2.** ¼ l Wasser mit den Johannisbeeren, dem Zitronensaft und dem Honig zum Kochen bringen. Die Johannisbeeren zugedeckt bei schwacher Hitze in etwa 7 Minuten zu Kompott garen. Etwas abkühlen lassen.

**3.** Die Hälfte des Kompottes pürieren und mit der anderen Hälfte vermengen.

**4.** Die Speisestärke mit 3 Eßlöffeln Wasser in einer kleinen Schüssel glattrühren. Die Johannisbeergrütze nochmals zum Kochen bringen, das angerührte Stärkemehl einlaufen lassen und die Grütze bei schwacher Hitze unter ständigem Rühren in etwa 3 Minuten ausquellen lassen.

**5.** Die Johannisbeergrütze etwas abkühlen lassen und in vier Glaskelche füllen. Im Kühlschrank für etwa 1 Stunde kühl stellen, bis sie fest ist.

**6.** Inzwischen für den Vanilleschaum von der Milch 3 Eßlöffel abnehmen und damit das Puddingpulver anrühren. Die übrige Milch mit etwas Salz, der Zitronenschale und dem Honig zum Kochen bringen.

**7.** Sobald die Milch kocht, das angerührte Puddingpulver einlaufen lassen und bei schwacher Hitze unter ständigem Rühren in etwa 2 Minuten ausquellen lassen. Dann den Pudding in eine Schüssel umfüllen. Die Eiweiße steif schlagen und sofort unter den heißen Vanilleflammeri heben.

**8.** Den Vanilleschaum über die Johannisbeergrütze geben.

# Himbeerschnee

*Zutaten für 4 Personen:*
*600 g frische Himbeeren*
*3 Eiweiß*
*1–2 Teel. Ahornsirup*
*(oder Birnendicksaft)*
*1 Teel. Zitronensaft*

**Ganz einfach**
**Für Gäste**

Zubereitungszeit: etwa 20 Min.

Pro Portion etwa:
270 kJ/64 kcal
5 g EW · 1 g F · 10 g KH
• 1,6 mg Eisen

**1.** Die Himbeeren kurz abbrausen, verlesen, vorsichtig trockentupfen und pürieren.

**2.** Die Eiweiße zu steifem Schnee schlagen, den Ahornsirup und den Zitronensaft unterrühren und abschließend das Himbeermark vorsichtig, aber gleichmäßig unterheben.

**3.** Den Himbeerschnee in vier Glaskelche füllen und kühl servieren.

Variante:
**Apfelschnee**
Sie können diese leichte Köstlichkeit auch mit Äpfeln zubereiten: 600 g Äpfel schälen, entkernen, auf der Rohkostreibe fein raspeln und sofort mit Zitronensaft beträufeln, damit sie nicht braun werden. Die Äpfel verarbeiten Sie dann wie im Rezept angegeben.

# Beerenmus

*Zutaten für 4 Personen:*
*600 g Beeren (je nach Geschmack Stachelbeeren, Johannisbeeren, Himbeeren oder gemischte Beeren)*
*1 Teel. Zitronensaft*
*1–2 Teel. Honig*

**Schnell**

Zubereitungszeit: etwa 15 Min.

Pro Portion etwa:
260 kJ/62 kcal
2 g EW · 0 g F · 13 g KH
• 1,8 mg Eisen

**1.** Die Beeren je nach Sorte waschen, verlesen (ein paar Beeren beiseite stellen), eventuell entkernen und pürieren.

**2.** Das Beerenmus mit dem Zitronensaft und dem Honig verfeinern, in Glasschälchen füllen und mit den zurückbehaltenen Beeren verzieren.

**Tip!**
Wenn etwas Mus übrigbleibt, können Sie es zum Verfeinern von Joghurt, Quarkspeisen oder Müsli verwenden.

# Quarkspeise mit Passionsfrucht

Passionsfrüchte heißen auch Maracuja oder Grenadille. Sie sind sehr saftig und aromatisch. Die Kerne können Sie mitessen.

*Zutaten für 4 Personen:*
*200 g Speisequark (20%)*
*125 g Sahne*
*1 Teel. Honig*
*1 Teel. Zitronensaft*
*1 Messerspitze Zimtpulver*
*2 Passionsfrüchte (etwa 250 g)*

**Raffiniert**

Zubereitungszeit: etwa 15 Min.

Pro Portion etwa:
830 kJ/200 kcal
9 g EW · 13 g F · 12 g KH
• 1,2 mg Eisen

**1.** Den Quark in eine Schüssel geben und durchrühren. Die Sahne steif schlagen und unter den Quark heben.

**2.** Den Sahnequark mit dem Honig, dem Zitronensaft und dem Zimt abschmecken.

**3.** Die Passionsfrüchte waschen und halbieren. Das weiche Fruchtfleisch aus den Schalen löffeln und in kleine Stücke schneiden.

**4.** Die Passionsfrüchte unter die Quarkmasse heben. Den Quark auf vier Glasteller verteilen und kühl servieren.

# Nußecken mit Nougatglasur

Nußecken schmecken zu jeder Tageszeit. Sie können auch eine größere Menge backen, da sie sich gut einfrieren lassen.

| |
|---|
| *Zutaten für 4 Personen:* |
| *50 g weiche Butter* |
| *100 g Honig* |
| *1 Ei* |
| *Salz* |
| *100 g geschälte Haselnüsse, fein gemahlen* |
| *50 g Weizen-Vollkornmehl* |
| *1 Teel. Weinstein-Backpulver* |
| *1 Messerspitze Zimtpulver* |
| *1 Prise Nelkenpulver* |
| *Zum Bestreichen:* |
| *80 g Nougatglasur* |
| *Für das Backblech:* |
| *1 Teel. Butter und Backpapier* |

## Braucht etwas Zeit

Zubereitungszeit: etwa 1 ½ Std.

Pro Portion etwa:
2100 kJ/500 kcal
8 g EW · 33 g F · 44 g KH
• 3 mg Eisen

**1.** Den Backofen auf 220° vorheizen. Ein Backblech mit der Butter bestreichen und zur Hälfte mit Backpapier auslegen.

**2.** Die Butter und den Honig mit dem Handrührgerät schaumig schlagen. Das Ei und etwas Salz zu der Buttermasse geben und nochmals gut verrühren.

**3.** Die Haselnüsse, das Mehl, das Backpulver, den Zimt und das Nelkenpulver unter die Schaummasse heben. Den Nußteig etwa 2 cm dick auf das Backpapier streichen und im Backofen (Mitte) in etwa 30 Minuten goldbraun backen.

**4.** Den Nußkuchen auf ein Tablett stürzen, das Backpapier abziehen und den Kuchen in acht kleine Rauten schneiden. Abkühlen lassen.

**5.** Die Nougatglasur im heißen Wasserbad erwärmen. Die Ecken der Nußrauten mit der flüssigen Glasur bestreichen.

# Hirseschnitten mit Erdbeersauce

| |
|---|
| *Zutaten für 4 Personen:* |
| *¾ l Vollmilch* |
| *Salz* |
| *1 Eßl. Honig* |
| *180 g Hirse* |
| *250 g Erdbeeren* |
| *1 Teel. Honig* |
| *1 Eßl. Zitronensaft* |
| *1 Ei* |
| *75 g Sonnenblumenkerne* |
| *2 Teel. Sonnenblumenöl* |

## Gut vorzubereiten

Zubereitungszeit: etwa 1 Std.

Pro Portion etwa:
1700 kJ/400 kcal
15 g EW · 19 g F · 45 g KH
• 6,1 mg Eisen

**1.** Die Milch mit etwas Salz und dem Honig in einem kleinen Topf zum Kochen bringen. Die Hirse in die kochende Milch einstreuen und bei schwacher Hitze etwa 20 Minuten garen, dabei ab und zu rühren.

**2.** Eine kleine Gefrierbox kalt ausspülen, den Hirsebrei hineinfüllen und kühl stellen.

**3.** Sobald der Hirsebrei fest geworden ist, aus der Box stürzen und in vier Scheiben schneiden.

**4.** Inzwischen die Erdbeeren abbrausen, entkelchen und pürieren. Mit dem Honig und dem Zitronensaft abschmecken.

**5.** Das Ei verquirlen. Die Sonnenblumenkerne grob hacken und in einen Teller schütten.

**6.** Das Öl in einer Pfanne erhitzen. Die Hirsescheiben im Ei, dann in den Sonnenblumenkernen wenden und von beiden Seiten bei mittlerer Hitze in 10–12 Minuten goldbraun braten.

**7.** Die Hirseschnitten nach Belieben heiß oder kalt mit der

*Im Bild hinten:*
*Hirseschnitten mit Erdbeersauce*
*Im Bild vorne:*
*Nußecken mit Nougatglasur*

# Tomatenlicht

Dieser kühle Drink schmeckt zu jeder Tageszeit.
Frische Tomaten enthalten genügend Vitamine und Mineralstoffe und fördern die Erfüllung des Tagesbedarfs an Vitamin C und Eisen.

*Zutaten für 2 Personen:*
*400 g Tomaten*
*Salz*
*Pfeffer, frisch gemahlen*
*3 Tropfen Tabasco nach Belieben*
*Zum Garnieren:*
*2 Zitronenscheiben*

**Ganz einfach**

Zubereitungszeit: etwa 10 Min.

Pro Portion etwa:
150 kJ/40 kcal
2 g EW · 0 g F · 6 g KH
• 1 mg Eisen

**1.** Die Tomaten waschen, halbieren und die grünen Stielansätze entfernen.

**2.** Die Tomaten in einem Entsafter zu Saft pressen.

**3.** Den Tomatensaft mit etwas Salz, Pfeffer und dem Tabasco nach Belieben pikant abschmecken und in zwei hohe Gläser füllen.

**4.** Die Zitronenscheiben zackenförmig einschneiden und auf die Gläser stecken. Das Tomatenlicht kühl servieren.

# Gemüsecocktail

*Zutaten für 2 Personen:*
*100 g Möhren*
*100 g Knollensellerie*
*100 g Salatgurke*
*1 Tomate*
*Salz*
*weißer Pfeffer, frisch gemahlen*
*Zum Garnieren:*
*50 g Möhren*
*2 Cocktailtomaten*
*50 g Salatgurke*
*2 Holzspießchen*
*2 Strohhalme*

**Raffiniert**

Zubereitungszeit: etwa 15 Min.

Pro Portion etwa:
200 kJ/50 kcal
3 g EW · 1 g F · 8 g KH
• 2 mg Eisen

**1.** Das Gemüse waschen. Die Möhren, den Sellerie und die Gurke schälen, den grünen Stielansatz der Tomate entfernen und das Gemüse nacheinander in den Entsafter geben.

**2.** Den Gemüsesaft mit etwas Salz und Pfeffer pikant abschmecken und in breite Gläser füllen. Kühl stellen.

**3.** Für die Gemüsespieße das Gemüse putzen und nach Belieben in kleine Stücke schneiden. Die Stücke abwechselnd auf die Holzspieße stecken. Die vorbereiteten Spieße quer über die Gläser legen und den Cocktail mit den Strohhalmen servieren.

# Rote-Bete-Drink

*Zutaten für 2 Personen:*
*250 g rote Bete*
*Salz*
*1 Teel. Zitronensaft*

**Schnell**

Zubereitungszeit: etwa 10 Min.

Pro Portion etwa:
220 kJ/50 kcal
2 g EW · 0 g F · 11 g KH
• 1,2 mg Eisen

**1.** Die roten Beten waschen, schälen und in einem Entsafter zu Saft pressen.

**2.** Den Rote-Bete-Saft mit etwas Salz und dem Zitronensaft abschmecken.

**3.** Den Drink in hohe Gläser füllen und kühl servieren.

## Tip!

Wenn Sie keinen Entsafter haben, können Sie auch Natursäfte (Muttersaft; im Reformhaus) verwenden.

# Schokomilch

| |
|---|
| *Zutaten für 2 Personen:* |
| *200 ml Magermilch* |
| *50 g Vollmilchschokolade* |
| *2 Eßl. Sahne* |
| *2 Strohhalme* |

## Ganz einfach

Zubereitungszeit: etwa 10 Min. (+ 30 Min. Kühlzeit)

Pro Portion etwa:
870 kJ/210 kcal
6 g EW · 12 g F · 19 g KH
• 0,7 mg Eisen

**1.** Die Milch in einem kleinen Topf erwärmen. Die Schokolade in kleine Stücke teilen, in die Milch geben und darin unter Rühren auflösen.

**2.** Die warme Schokoladenmilch kühl stellen.

**3.** Die Schokomilch mit der Sahne verfeinern und in zwei breite Gläser füllen.

**4.** Die Schokomilch mit je einem Strohhalm servieren.

**Tip!**
Die Schokomilch können Sie gut vorbereiten. Kühl aufbewahrt schmeckt sie auch noch am nächsten Tag.

# Bananendrink

| |
|---|
| *Zutaten für 2 Personen:* |
| *1 mittelgroße Banane* |
| *1 Teel. Zitronensaft* |
| *1–2 Teel. Ahornsirup* |
| *200 ml Magermilch* |
| *75 g Sahne* |
| *Zum Garnieren:* |
| *Zitronenscheiben* |
| *Strohhalme* |

## Schnell

Zubereitungszeit: etwa 15 Min.

Pro Portion etwa:
1100 kJ/260 kcal
5 g EW · 14 g F · 27 g KH
• 0,7 mg Eisen

**1.** Die Banane schälen und pürieren.

**2.** Zu dem Bananenmus den Zitronensaft, den Ahornsirup und die Milch geben und alles gut vermengen.

**3.** Die Sahne halb steif schlagen und unter den Bananendrink heben.

**4.** Den Drink in zwei hohe Gläser füllen und mit den Zitronenscheiben und Strohhalmen verzieren.

# Pfirsichshake

| |
|---|
| *Zutaten für 2 Personen:* |
| *200 ml Pfirsichsaft* |
| *100 ml Bananensaft* |
| *2 Teel. Zitronensaft* |
| *50 g Sahne* |
| *Eiswürfel* |
| *Zum Garnieren:* |
| *Pfirsichspalten* |
| *2 Strohhalme* |

## Raffiniert

Zubereitungszeit: etwa 10 Min.

Pro Portion etwa:
660 kJ/160 kcal
2 g EW · 8 g F · 19 g KH
• 1,6 mg Eisen

**1.** Den Pfirsich-, den Bananen- und den Zitronensaft mit der Sahne in einen Shaker geben und kräftig schütteln.

**2.** Den Shake in zwei breite Schalen füllen und zerstoßene Eiswürfel untermengen.

**3.** Den Shake mit Pfirsichspalten verzieren und sofort mit den Strohhalmen servieren.

**Tip!**
Der Pfirsichshake schmeckt noch besser mit frisch gepreßten Säften. Jedoch benötigen Sie dazu eine Saftpresse.

# Kiwitraum

Dieser köstliche Drink begeistert sowohl Kinder als auch Erwachsene. Der Kiwitraum schmeckt sehr exotisch und sieht auch sehr schön aus.

*Zutaten für 4 Personen:*
*2 Kiwi*
*100 ml Ananassaft*
*100 ml Maracujasaft*
*100 ml Bananensaft*
*100 ml Grapefruitsaft*
*1 Eßl. Zitronensaft*
*½ Vanillestange*
*1 Messerspitze Zimtpulver*
*Zum Garnieren:*
*200 g Früchte (am besten die der Säfte)*
*4 Holzspieße*
*4 Papierschirme*

**Raffiniert**

Zubereitungszeit: etwa 20 Min.

Pro Portion etwa:
510 kJ/120 kcal
2 g EW · 1 g F · 21 g KH
• 1,3 mg Eisen

**1.** Die Kiwis schälen und in kleine Würfel schneiden.

**2.** Die Säfte in einem Shaker oder mit einem Schneebesen gut vermengen.

**3.** Die Vanillestange der Länge nach aufschneiden, das Mark mit einem kleinen Messer herauskratzen und mit dem Zimt und den Kiwistücken unter die Fruchtsäfte mischen. Kühl stellen.

**4.** Für die Fruchtspieße die Früchte in kleine Stücke teilen und abwechselnd auf die Holzspieße stecken.

**5.** Den Kiwitraum in breite Schalen füllen, die Fruchtspieße darüber legen und die Drinks mit Papierschirmen verziert servieren.

# Kokosdrink

*Zutaten für 2 Personen:*
*1 Kokosnuß*
*100 ml Ananassaft*
*1 Teel. Zitronensaft*
*Eiswürfel*
*2 kurze Strohhalme*

**Gut vorzubereiten**

Zubereitungszeit: etwa 10 Min.

Pro Portion etwa:
140 kJ/30 kcal
0 g EW · 0 g F · 8 g KH
• 0,2 mg Eisen

**1.** Die Kokosnuß seitlich anbohren, die Flüssigkeit auslaufen lassen und auffangen.

**2.** Mit einer kleinen Säge die Kokosnuß quer halbieren, so daß zwei Hälften entstehen.

**3.** Den Kokossaft mit dem Ananas- und dem Zitronensaft vermengen und kurz vor dem Servieren in die Kokoshälften gießen. Mit Eiswürfeln auffüllen und die Drinks mit Strohhalmen servieren.

# Exotendrink

*Zutaten für 2 Personen:*
*200 ml frisch gepreßter Orangensaft*
*50 ml frisch gepreßter Zitronensaft*
*100 ml Mangosaft*
*Eiswürfel*
*Zum Garnieren:*
*2 dünne Scheiben Karambole*
*2 Strohhalme*

**Schnell**

Zubereitungszeit: etwa 10 Min.

Pro Portion etwa:
350 kJ/80 kcal
1 g EW · 0 g F · 19 g KH
• 0,2 mg Eisen

**1.** Die Säfte und die Eiswürfel in einen Shaker füllen und gut schütteln.

**2.** Den Exotendrink in zwei hohe Gläser füllen.

**3.** Die Karambolescheiben auf die Gläser stecken und die Drinks sofort mit Strohhalmen servieren.

**Tip!**
Das Kokosfleisch können Sie verzehren oder gerieben für Kuchen oder Müsli verwenden.

*Im Bild Mitte: Kiwitraum*
*Im Bild rechts: Exotendrink*
*Im Bild vorne: Kokosdrink*

## Gesunde und ausgewogene Ernährung Tag für Tag

Wenn Sie sich abwechslungsreich und gesund ernähren wollen, ist es wichtig, die richtigen Lebensmittel auszuwählen. Auch die entsprechende Zusammenstellung der einzelnen Speisen ist dabei von großer Bedeutung.
So sollte nach Empfehlungen der Deutschen Gesellschaft für Ernährung (DGE) die tägliche Kalorienaufnahme bei Frauen 1800 bis 2200 kcal, bei Männern zwischen 2000 und 2600 kcal und im höheren Alter etwa 1800 kcal betragen.

Wichtig ist dabei, daß die Energie nicht nur in Form von süßen oder fetthaltigen Speisen zugeführt wird. Eiweiß, Fett und Kohlenhydrate sollten in bestimmten Relationen zueinander stehen:

Eiweiß sollte etwa 15% der täglichen Energieaufnahme ausmachen. Am gesündesten sind magerer Fisch, Geflügel, mageres Fleisch und frisches Gemüse der Saison.
Auf die Fettauswahl (25–30% des täglichen Energiebedarfs) sollten Sie genauestens achten. Versuchen Sie möglichst Fette mit ungesättigten Fettsäuren zu verwenden, zum Beispiel kaltgepreßte pflanzliche Öle, um einen größtmöglichen Vitamin- und Mineralstoffgehalt sicherzustellen.
Kohlenhydrate nehmen den größten Anteil (etwa 60%) der täglichen Kalorienzufuhr ein. Bei der Auswahl der Kohlenhydrate ist es wichtig, wenig Zucker und dafür vermehrt Getreide, Obst und Gemüse in den Speiseplan aufzunehmen und so für eine gesunde, abwechslungsreiche Ernährung zu sorgen.

## Gesund und eisenreich durch den Tag

Folgende Tagespläne erleichtern Ihnen den Einstieg in eine gesunde, eisenreiche Ernährungsweise.
Sie können sich auch persönlich Ihren Speiseplan nach Belieben und Geschmack aus dem reichhaltigen Angebot des Rezeptteils erstellen. Für jedes Rezept sind Nährwerte, Eisen und Energiegehalt errechnet. Die Angabe der Zubereitungszeit ist Ihnen dabei eine gute Hilfestellung für Ihre Zeitplanung.

### 1. Tagesplan

Frühstück:
Kirschmüsli (Seite 10)
Zwischendurch:
Schinkenbrot (Seite 16)
Mittags:
Broccoli-Tomaten-Auflauf (Seite 36)
Kartoffelpfanne (Seite 36)
Zwischendurch:
1 Apfel
Abends:
Bunter Gemüsequark (Seite 14)

### 2. Tagesplan

Frühstück:
Kräuterquark (Seite 16)
Zwischendurch:
Bananenmüsli (Seite 12)
Mittags:
Radieschen-Mangold-Salat (Seite 22 )
Forelle im Pistazienmantel (Seite 34)
Petersilienkartoffeln
Zwischendurch:
1 Glas Möhrensaft
Abends:
Brötchen mit Gemüseaufstrich (Seite 48)

### 3. Tagesplan

Frühstück:
Knuspermüsli (Seite 10)
Zwischendurch:
100 g Trockenobst
Mittags:
Grüne Bohnen-Kräuter-Suppe (Seite 40)
Hirseschnitten mit Erdbeersauce (Seite 54)
Zwischendurch:
1 Becher Joghurt
Abends:
Mozzarellasalatt (Seite 18)
1 Brötchen mit Butter

## Herzhafte Beilagen (jeweils 1 Portion)

Anstelle der im Rezeptteil empfohlenen Beilagen können Sie auch andere wählen. Diese Übersicht zeigt Ihnen auf einen Blick, welche Beilagen genügend Eisen enthalten.

| Beilage | Menge | Eisen | Kilojoule | Kilokalorien |
|---|---|---|---|---|
| Naturreis, roh | 80 g | 2,1 mg | 1162 kJ | 278 kcal |
| Roggenbrot | 100 g | 2,5 mg | 953 kJ | 228 kcal |
| Roggenvollkornbrot | 100 g | 2,5 mg | 860 kJ | 205 kcal |
| Broccoli | 200 g | 2,6 mg | 214 kJ | 52 kcal |
| Fenchel | 200 g | 5,4 mg | 196 kJ | 56 kcal |
| Pellkartoffeln | 250 g | 2 mg | 745 kJ | 178 kcal |
| Mangold | 200 g | 5,4 mg | 190 kJ | 46 kcal |
| Möhren | 200 g | 4,2 mg | 212 kJ | 50 kcal |
| Pfifferlinge | 200 g | 13,0 mg | 92 kJ | 22 kcal |
| Schwarzwurzeln | 200 g | 6,6 mg | 132 kJ | 32 kcal |
| Spinat | 200 g | 8,4 mg | 122 kJ | 30 kcal |
| Weiße Bohnen, gekocht | 100 g | 21,0 mg | 403 kJ | 96 kcal |

## Für zwischendurch

Sie sollten täglich nicht nur drei Hauptmahlzeiten zu sich nehmen, sondern auch kleine Zwischenmahlzeiten wie ein Stück Obst, ein paar Nüsse oder ein Glas Saft, um Ihre Leistungsfähigkeit und Vitalität zu erhalten.

| Obst und Süßes | Menge | Eisen | Kilojoule | Kilokalorien |
|---|---|---|---|---|
| Sonnenblumenkerne | 30 g | 3,0 mg | 759 kJ | 177 kcal |
| Haselnüsse | 30 g | 1,1 mg | 843 kJ | 202 kcal |
| Pistazienkerne | 30 g | 2,2 mg | 779 kJ | 186 kcal |
| 1 Apfel | 150 g | 0,6 mg | 312 kJ | 75 kcal |
| Erdbeeren | 250 g | 2,5 mg | 343 kJ | 83 kcal |
| Johannisbeeren, schwarz | 250 g | 3,3 mg | 490 kJ | 118 kcal |
| Passionsfrucht | 200 g | 2,6 mg | 540 kJ | 134 kcal |
| Pfirsich, getrocknet | 50 g | 3,5 mg | 517 kJ | 124 kcal |
| Pflaumen, getrocknet | 50 g | 1,2 mg | 476 kJ | 114 kcal |
| Himbeersaft | 200 ml | 5,2 mg | 250 kJ | 60 kcal |
| Joghurt (3,5%) | 150 g | 0,2 mg | 381 kJ | 92 kcal |

## Getränke

Auch die Auswahl der Getränke spielt bei der richtigen Ernährung eine wichtige Rolle. Schwarztee und Cola-Getränke sollten Sie vermeiden, denn sie beeinträchtigen die Fähigkeit des Körpers, Eisen aufzunehmen. Bevorzugen Sie deshalb Mineralwässer, die einen hohen Gehalt an Mineralen aufweisen. Kräuter- und Früchtetees können Sie sich selber zusammenstellen und so eine Komposition finden, die Ihnen schmeckt. Oder auch öfter mal abwechseln.
Der Erwachsene sollte täglich 2 bis 3 l Flüssigkeit zu sich nehmen. Stellen Sie sich deshalb eine Flasche Wasser oder eine Thermoskanne Tee in Ihre Nähe, die Sie daran erinnern sollen, genug zu trinken.
Für den Organismus ist es übrigens günstiger, kontinuierlich kleine Mengen zu trinken als viel und selten.

**Zum Gebrauch**
Damit Sie die Rezepte mit bestimmten Zutaten noch schneller finden können, stehen in diesem Register zusätzlich auch Hauptzutaten wie Ananas oder Tomaten – ebenfalls alphabetisch geordnet und halbfett gedruckt – über den entsprechenden Rezepten.

# IMPRESSUM

Umschlag-Vorderseite:
Das Rezept für Überbackene Ravioli finden Sie auf Seite 33.

Die Deutsche Bibliothek – CIP-Einheitsaufnahme

Righi, Gina:
Eisenmangel beheben: köstliche Rezepte für jeden Tag; die gesündeste Art auf Mangelerscheinungen zu reagieren; mit Warenkunde, praktischen Tips und vielen Informationen / Gina Righi. – 2. Aufl. – München: Gräfe und Unzer, 1992
(GU Ernährungs-Ratgeber)
ISBN 3-7742-1126-4

2. Auflage 1992


Redaktion:
Adelheid Schmidt-Thomé
Herstellung:
Michael v. Bressensdorf
Fotos: Georg M. Wunsch
Umschlaggestaltung:
Heinz Kraxenberger
Satz: GSD
Reproduktionen:
Repro Mayr, Donauwörth
Druck: Appl, Wemding
Bindung: Sellier, Freising

ISBN: 3-7742-1126-4

## Gina Righi

ist staatlich anerkannte Diätassistentin mit Weiterbildung zur Diät- und Ernährungsberaterin. Sie gibt Kurse über Vollwerternährung, Reduktionskost und allgemeine Ernährungslehre als Dozentin an der Münchner Volkshochschule und als Privatdozentin an verschiedenen Institutionen. Dazu ist sie freie Mitarbeiterin als Ernährungsberaterin in einer PR-Agentur und erstellt aktuelle Texte im ernährungsmedizinischen Bereich. Zum gleichen Thema hat sie auch in Interviews und Beiträgen für den Bayerischen Rundfunk und für Privatsender ihre Erfahrungen weitergegeben.

## Dr. med. Ulrich Schepper

ist Internist und Gastroenterologe und hat sich deshalb intensiv mit Ernährungsfragen beschäftigt. Er ist Chefarzt einer niederbayerischen Klinik und informiert dort diätbedürftige Patienten über spezielle Ernährungsfragen.

## Wichtiger Hinweis

Die Rezepte und Ratschläge in diesem Buch stammen von Fachleuten und sind erprobt. Die medizinische Forschung auf diesem Gebiet ist jedoch nicht abgeschlossen, und zu Einzelfragen werden auch von namhaften Wissenschaftlern abweichende Meinungen vertreten. Darüber hinaus reagiert jeder Organismus anders. Deshalb darf eine bestimmte Ernährung – beispielsweise zur Behebung eines Mineralstoff-Mangels – ebenso wie die Einnahme eines bestimmten Medikaments nicht ohne Rücksprache mit dem Hausarzt durchgeführt werden – informieren Sie sich bitte bei ihm.

Essen Sie Schoten oder Samen von Hülsenfrüchten niemals roh. Erst durch ausreichendes Garen wird das darin enthaltene natürliche Gift, das Phasin, unschädlich gemacht. Beim Keimen wird dieses Gift nur teilweise abgebaut; deshalb sollten Sie auch Sojabohnenkeimlinge nicht zu oft und grundsätzlich nur kurz erhitzt oder blanchiert essen.

Kaufen Sie möglichst nur gereinigtes Getreide. Schmutz und Unkrautsamen (vor allem Samen der giftigen Kornrade) dürfen nicht enthalten sein. Das gleiche gilt auch für das heute wieder häufiger auftretende Mutterkorn. Es entsteht durch einen Pilz, der vor allem den Roggen befällt. Das violett-schwarze, innen schneeweiße Mutterkorn ähnelt einem stark vergrößerten, leicht gebogenen Getreidekorn. In größeren Mengen verzehrt (etwa 5–10 g) ruft es lebensgefährliche Vergiftungserscheinungen hervor. Die Gefahr ist allerdings relativ gering, wenn Sie, wie empfohlen, gereinigtes Getreide kaufen.